中国民俗文化

徐　潜／主　编
张　克　崔博华／副主编
李从兴　臧笑飞／编　著

吉林出版集团　吉林文史出版社

图书在版编目（CIP）数据

中国民俗文化 / 徐潜主编 . —长春：吉林文史出版社，2013. 4（2025.11重印）

ISBN 978-7-5472-1544-9

Ⅰ. ①中… Ⅱ. ①徐… Ⅲ. ①风俗习惯-中国-通俗读物 Ⅳ. ①K892-49

中国版本图书馆 CIP 数据核字（2013）第 063788 号

中国民俗文化

ZHONGGUO MINSU WENHUA

主　　编　徐　潜
副 主 编　张　克　崔博华
责任编辑　崔博华
装帧设计　映象视觉
出版发行　吉林文史出版社有限责任公司
地　　址　长春市福祉大路 5788 号
印　　刷　唐山富达印务有限公司
版　　次　2013 年 4 月第 1 版
印　　次　2025 年 11月第 5 次印刷
开　　本　720mm×1000mm　1/16
印　　张　10.75
字　　数　250 千
书　　号　ISBN 978-7-5472-1544-9
定　　价　68. 00 元

序　言

民族的复兴离不开文化的繁荣，文化的繁荣离不开对既有文化传统的继承和普及。该书就是基于对中国文化传统的继承和普及而策划的。我们想通过这套图书把具有悠久历史和灿烂辉煌的中国文化展示出来，让具有初中以上文化水平的读者能够全面深入地了解中国的历史和文化，为我们今天振兴民族文化，创新当代文明树立自信心和责任感。

其实，中国文化与世界其他各民族的文化一样，都是一个庞大而复杂的“综合体”，是一种长期积淀的文明结晶。就像手心和手背一样，我们今天想要的和不想要的都交融在一起。我们想通过这套书，把那些文化中的闪光点凸现出来，为今天的社会主义精神文明建设提供有价值的营养。做好对传统文化的扬弃是每一个发展中的民族首先要正视的一个课题，我们希望这套文库能在这方面有所作为。

在这套以知识点为话题的图书中，我们力争做到图文并茂，介绍全面，语言通俗，雅俗共赏。让它可读、可赏、可藏、可赠。吉林文史出版社做书的准则是“使人崇高，使人聪明”，这也是我们做这套书所遵循的。做得不足之处，也请读者批评指正。

编　者

2014 年 2 月

目　录

龙凤文化

龙是百虫之长，凤是百鸟之王，它们共同成为中华民族的象征。龙凤文化作为一种文化现象渗透到中国社会的方方面面，成为一种文化的凝聚和沉淀。“龙”和“凤”的形象还被赋予积极的意义，泛化出一系列代表中华文化的精神，成为了中华民族的象征。它们从两个不同的方面展现中华文化的精神，龙代表中华民族刚毅、进取、不屈的一面，凤则代表中华民族仁慈、宽厚、智慧的一面。

一、何为“龙”

关于龙的话题一直被人提及，但是何为龙？它是真实存在的吗？它是怎样产生的呢？我们将从龙的形貌和龙的原型上来对其进行一个大致的了解。

（一）龙的形貌

龙的形象是在漫长的历史过程中经过不断发展变化而形成的。今天所知道的龙的形象综合了各种生物的特征：蛇身、兽腿、鹰爪、马头、蛇尾、鹿角、鱼鳞。

关于龙的形貌特征，古代文献记载主要为：

先秦《韩非子·说难》曰：“夫龙之为虫也，柔可狎而骑也。然其喉下有逆鳞径尺，若人有婴之者，则必杀人。”

东汉王充《论衡·龙虚》曰：“世俗画龙之象，马首蛇尾。”

唐代段成式《酉阳杂俎》说：“龙，头上有一物，如博山形，名尺木。”

北宋画家董羽提出“三停九似说”。三停：自首至项，自项至腹，自腹至尾；九似：头似牛、嘴似驴、眼似虾、角似鹿、耳似象、鳞似鱼、须似人、腹似蛇、足似凤。

明代李时珍对龙形进行了论述。他说：“《尔雅翼》云：‘龙者，鳞虫之长。’王符言其形有九似：头似驼，角似鹿，眼似鬼，耳似牛，项似蛇，腹似蜃，鳞似鲤，爪似鹰，掌似虎。背有八十一鳞，具九九阳数。声如戞铜盘。口有须髯，颔有明珠，喉有逆鳞。头有博山，又名尺木。龙无尺木，不能升天。呵气成云。既能变水，又能变火。”这个论述是古代文献中有关龙的论述的集大成者。

总之，龙的形貌综合了飞禽走兽、爬虫游鱼等各类动物的器官，并经过人们创造性的艺术加工而形成。在人们看来，龙的每一个形貌特征都具有某种特

殊的意义：宽阔隆起的前额象征聪明智慧，鹿角象征长寿，牛耳象征名列魁首，虎眼象征威严，鹰爪象征勇猛，剑眉象征英武，狮鼻象征富贵，金鱼尾象征灵活，马齿象征勤劳善良，等等。显然，自然界并不存在具有这些形貌特征的动物，因此，就形貌而言，龙是根据人们的愿望和要求想象出来的，是人们心目中理想事物的化身。

（二）龙的原型

自古以来，龙一直被视为华夏民族的图腾。但是龙并非真实存在，完全是人们虚构出来的。用科学的眼光分析，龙的形象大概是先民在一种或多种动物的原型上，以神话思维加工改造而成的。关于龙的原型，目前学界尚无一致意见，可谓众说纷纭，莫衷一是。但是龙的原型是蛇，这个观点被大多数人所认同。下面我们就从龙的形貌入手来寻找龙的原型。

东汉王充说："世俗画龙之象，马首蛇尾。"王充所说"马首蛇尾"其实就是指马头蛇身。

南宋罗愿《尔雅翼》所载画龙口诀"三停九似说"也说到"项似蛇"。

北宋画家董羽说："头似牛，嘴似驴，眼似虾，角似鹿，耳似象，鳞似鱼，须似人，腹似蛇，足似凤。"

北宋郭若虚说："角似鹿，头似驼，眼似鬼，项似蛇，腹似蜃，鳞似鱼，爪似鹰，掌似虎，耳似牛。"

从以上叙述中，我们可以得到一个共同的特征：龙与蛇密不可分，身似蛇、项似蛇、腹似蛇，总之与蛇有很大关系。从历代的雕塑和绘画艺术中我们还可以明显看出：龙有一个滚圆的、修长的和带鳞状纹的身躯。显然，这就是蛇身，因此，蛇身是龙的主要形貌特征。据此推断：蛇就是人们所赖以想象出龙的依据，即龙的原型是蛇。

二、龙的种类及其来历

数千年来，中国人创造了众多的龙，有各种颜色的龙，有形状不同的龙，千姿百态，种类繁多。而对其来历也众说纷纭，下面对此做简单介绍。

（一）龙的种类

关于龙的种类说法非常多。划分依据不同，种类当然也各式各样。下面简单介绍几种：

夔龙：想象性的单足神怪动物，是龙的萌芽期。《山海经·大荒东经》描写夔为：“状如牛，苍身而无角，一足，出入水则必有风雨，其光如日月，其声如雷，其名曰夔”。但更多的古籍中则说夔是蛇状怪物。在商晚期和西周时期青铜器的装饰上，夔龙纹是主要纹饰之一，其外形与青铜器饰面的结构线相适合，以直线为主，弧线为辅，具有古拙的美感。

虺：是一种早期的龙，以爬虫类——蛇作“模特儿”想象出来的，常在水中。“虺五百年化为蛟，蛟千年化为龙”，是龙的幼年期，曾出现在西周末期的青铜器装饰上，但不多。

虬：一般把没有生出角的小龙称为虬龙，是成长中的龙。另一种观点认为幼龙生出角后才称虬。两种说法虽有出入，但都把成长中的龙称为虬。还有的把盘曲的龙称为虬龙，唐代诗人杜牧在《题青云说》诗中就有“虬蟠千仞剧羊肠”之句。

蟠螭：是龙属的蛇状神怪之物，是一种没有角的早期龙。对蟠螭也有两种说法，一种是指黄色的无角龙，另一种是指雌性的龙。春秋至秦汉之际，青铜器、玉雕、铜镜或建筑上，常用蟠螭的形状作装饰，其形式有单螭、双螭、三螭、五螭乃至群螭多种。或作衔牌状，或作穿环状，或作卷书状。此外，还有博古螭、环身螭等各种变化。

蛟：一般泛指能发洪水的有鳞的龙。相传蛟龙得水即能兴云作雾，腾跃太空。在古文中常用来比喻有才能的人获得施展的机会。关于蛟的来历和形状，

古典文献中说法不一，有的说“龙无角曰蛟”，有的说“有鳞曰蛟龙”。而《墨客挥犀》卷三则说得更为具体：“蛟之状如蛇，其首如虎，长者至数丈，多居于溪潭石穴下，声如牛鸣……”

角龙：指有角的龙。据《述异记》记述：“蛟千年化为龙，龙五百年为角龙。”角龙便是龙中之老者了。

应龙：有翼的龙称为应龙。据《述异记》中记述：“龙五百年为角龙，千年为应龙。”应龙称得上是龙中之精了，故长出了翼。相传应龙是上古时期黄帝的神龙，它曾奉黄帝之令讨伐过蚩尤，并杀了蚩尤而成为功臣。在禹治洪水时，神龙曾以尾扫地，疏导洪水而立功，此神龙又名为黄龙，黄龙即是应龙，因此应龙又是禹的功臣。应龙的特征是生双翅，鳞身脊棘，头大而长，吻尖，鼻、目、耳皆小，眼眶大，眉弓高，牙齿利，前额凸起，颈细腹大，尾尖长，四肢强壮，宛如一只生翅的扬子鳄。在战国的玉雕，汉代的石刻、帛画和漆器上，常出现应龙的形象。

火龙：是以火慑势的龙。全身有紫火缠绕，凡火龙经过之处，一切物体均被烧焦。

蟠龙：指蛰伏在地而未升天之龙，龙的形状作盘曲环绕。在我国古代建筑中，一般把盘绕在柱上的龙和装饰在梁上、天花板上的龙均习惯地称为蟠龙。在《太平御览》中，对蟠龙又有另一番解释：“蟠龙，身长四丈，青黑色，赤带如锦文，常随水而下，入于海。有毒，伤人即死。”把蟠龙和蛟、蛇之类混在一起了。

青龙：为“四灵”或“四神”之一，又称为苍龙。我国古代的天文学家将天上的若干星星分为二十八个星区，即二十八宿，用以观察月亮的运行和划分季节，并把二十八宿分为四组，每组七宿，分别以东、南、西、北四个方位，青、红、白、黑四种颜色以及龙、鸟、虎、玄武(龟蛇相交)四种动物相配，称为“四象”或“四宫”。龙表示东方，青色，因此称为“东宫青龙”。到了秦汉，这“四象”又变为“四灵”或“四神”(龙、凤、龟、麟)了，神秘的色彩也愈来愈浓。现存于南阳汉画

馆的汉代《东宫苍龙星座》画像石，是由一条龙和十八颗星以及刻有玉兔和蟾蜍的月亮组成的，这条龙就是整个苍龙星座的标志。汉代的画像砖、石和瓦当中，便有大量的“四灵”形象。

鱼化龙：是一种龙头鱼身的龙，亦是一种“龙鱼互变”的形式。这种形式我国古代早已有之，《说苑》中就有“昔日白龙下清冷之渊化为鱼”的记载，《长安谣》说的“东海大鱼化为龙”和民间流传的鲤鱼跳龙门，均讲述了龙鱼互变的关系。这种造型早在商代晚期便在玉雕中出现，并在历代得到发展。

（二）龙的来历

相传，轩辕黄帝经过五十三战，打败了蚩尤，平息了战争，统一了三大部落，七十二个小部落，建立起世界上第一个有共主的国家。黄帝打算制定一个统一的图腾（类似现在的国旗，或者说是国家的标志）。开始，黄帝手下的谋臣建议不再搞新图腾，理由是黄帝功德无量，天底下无人能比得上，就应该沿用黄帝部落的图腾，一统天下。黄帝说：“万不可这样做，各大小部落都拥戴我为尊长。我怎么能辜负群民重望，独断专行，以大欺小，以强欺弱呢?”接着黄帝又说：“蚩尤所干的一切，对兄弟部落的行为，我们万万做不得。”黄帝叫仓颉写了个通知，要求原来各大小部落把使用过的图腾全部献出来，再由原来各大小部落选派一个代表，前来黄帝宫，共同商议制定新图腾。

谁知，通知一发出，各个大小部落都送来了本部落原先使用过的图腾，一下子就摆了成百个，其中有蛇、鹰、马、鱼、熊、豹、羊、象、狗等各种各样的图腾。这下可把黄帝难住了，究竟采用哪个图腾好呢？他一时拿不定主意，便召来身边的谋臣常先、大鸿、风后、力牧、仓颉等，征求他们的意见。大家你一言，他一语，各抒己见，有人同意用这个图腾，有人主张用那个图腾。最后，仍然没有定下来。大鸿着急地说：“黄帝心思太多了，随便用一个图腾就对了，何必这样挑来选去，太麻烦了。”黄帝耐心地说：“这是一个新统一起来

的大部落，不那么简单，处处都要谨慎从事，绝不能草率。一定要照顾原来各大小部落的情绪，要搞一个有团结象征的图腾。不然，又有分裂的可能。”众谋臣听了黄帝这一席话，觉得很有道理，连连称赞。大鸿赶忙纠正自己的话说：“我是带兵打仗的，对图腾这些事不懂，刚才说的话全当没说。”大家一听都笑了。

制定新图腾的事，黄帝几天几夜没有睡好觉。有天夜里，天下暴雨，电闪雷鸣，黄帝发现一条明亮的光线，一闪而过，深深映在黄帝脑海里。第二天，黄帝单独叫来仓颉和风后，把他昨夜看到的霹雷闪电的形象，向仓颉和风后讲述了一遍。然后，黄帝指着各大小部落的图腾说：“我看为了照顾各个部落的情绪，咱们参照各部落图腾的特点，应该制定这样一个图腾：蛇的身，鱼的鳞，马的头，狮的鼻，虎的眼，牛的舌，鹿的角，象的牙，羊的须，鹰的爪，狗的尾，组成一个特别的图腾。把原来各大小部落图腾都分别用上一些，这也算照顾周全了。可是，组成这样的图腾像个什么东西，叫个什么名字？”仓颉说：“黄帝，这个图腾在世间动物中，谁也找不到它，谁也无法伪造。我想，咱们给它取个名字，叫做‘龙！’既能腾云驾雾，又能翻江倒海。”

黄帝捋着胡须，轻轻踏着步子，细细琢磨了半天，然后，果断地说：“好！就叫‘龙’。”从此以后，龙就成为中华民族吉祥权威的象征物，谁也不能侵害它，就连黄帝也带头崇敬它，这就是‘龙’的来历。各族部落首领对“龙图腾”也非常满意，因为每个部落都能从“龙图腾”里找到自己部落的影子。因此都非常团结，拥护黄帝成就了一番大事业。直到现在，“龙图腾”依然是中华民族富有凝聚力的一种象征。

三、龙的传说故事及其崇拜

关于龙的神话传说可以说是不胜枚举。在这些传说中，龙被人们视为神物，自然具备种种神性。

（一）龙的传说故事

龙是中国古代传说中的神异动物，身体长，有鳞、有角、有脚、能走、能飞、能游泳，能兴云降雨。古人把龙看成神物、灵物，而且变化无常，能细能巨，能短能长，既能深入水底，亦能腾云登天。关于龙的传说，在中国古代经典著作中几乎每一本书都有，而关于龙的传说和神话亦数不胜数。

上至黄帝的时代，便有黄帝乘龙升天、应龙助黄帝战胜蚩尤的传说；夏禹治水，传说便有神龙以尾巴画地成河道，疏导洪水；汉高祖刘邦，传说便是其母梦见与赤龙交配而怀孕出生。从许多故事和传说中看到，人们常把各种美德和优秀的品质都集中到龙的身上。传说中每年二月初二炒玉米的传统，就是为了纪念义龙。据说玉龙因不忍人民受干旱之苦，义助人民降雨而被玉帝所囚，并立下规条，只有金豆开花才会予以释放。人民因感激玉龙义举而齐集一起炒玉米，因样子像金豆开花而令看管的太白金星看错，就释放了玉龙。而每年二月初二炒玉米的传统亦保留了下来。

我们从许多故事和传说中看到：龙是英勇善战的，它什么强暴也不怕；龙是聪明多智的，它甚至能预见未来；龙的本领高强，它能大能小，变化多端，兴云布雨，鸣雷闪电，开河移山，法力无边；龙是富裕的，龙宫成了宝藏的集中地；龙又是正直的、能为人民着想的，为了解救人间，它甚至不惜冒犯天条。在龙的身上集中了人们美好的愿望，世间的杰出人物也常被称为人中之龙，诸葛亮号称“卧龙先生”就是大家熟识的例子。

当然，传说里有义龙为善，便自然亦有恶龙为祸。在中国不少以“龙”字命名的地方亦有其龙的传说，其中亦不乏恶龙肆虐的故事。就像黑龙江，传说以前便有白龙为祸，后来江边的一个村中，有一家人临产，并生下了一黑龙。原来黑龙是来帮助除掉白龙的，村民依照其指示支持，最后白龙被除，人们为纪念黑龙而将江取名黑龙江。四川省的九寨沟有一卧龙湖，湖底有一黄色石梁，传说是白龙的化身。九寨沟附近有两条大河，一条叫黑水河，传说以前住着一条大黑龙；一条白龙江，住着一条小白龙。传说黑龙因妒忌九寨沟的风光而将那里的水吸干，小白龙知道后，便将白龙江的水喷洒到九寨沟，恢复其美景。黑龙知道后便跟白龙展开恶斗，小白龙被逼逃到九寨沟的一个湖泊中。黑龙为查白龙的下落而惊动了藏族的万山之神，最后被山神所囚，不能再作恶。万山之神为表彰白龙而给它一套金黄色的铠甲，这就是卧龙湖的传说由来。

除以上所述，历朝历代都不断有龙的传说和神话出现，不少以“龙”字命名的地方亦有其龙的传说。

（二）龙的神性

龙在中国文化中为百虫之长，是人们以蛇为原型，逐渐将许多动物的形貌特征拼凑起来的想象中的一种动物。它喜水，好飞，通天，善变，灵异，有征兆祥瑞、呼风唤雨、避邪驱邪等神性，人们赋予它保护神、水神、祥瑞的象征等文化含义。具体而言，龙的神性主要有：

1. 龙是白虫之长

这种说法比较普遍，也即是鳞虫之长。鳞虫指鱼类，水中动物，它是由传说中龙具有司雨的神性演绎而来。另外，从龙的外貌综合了各类动物的形貌特征来看，也可以充分说明这一点。《尔雅翼·释龙》对龙的解释：“龙春分而登天，秋分而潜渊，物至之灵者也。”也把龙作为百兽之长。

2. 善于变化

对于龙的善于变化的神性，《说文》概括为“能幽能明，能细能巨，能长能短”。《管子·水地》曰

“欲小则化为蚕蠋，欲大则藏于天下；欲上则凌乎云气，欲下则入乎深泉：变化无日，上下无时，谓之神”。总之，古人认为：龙能大能小，能伸能屈，能合能散，能弱能强，变化莫测。

3. 升天

龙喜好飞翔，与此相联系，它具备了升天、通天的神性。龙飞向的方向是神秘、辽阔、至高无上的天空，《论衡·龙虚篇》讲“世谓龙升天者，必谓神龙。不神，不升天；升天，神之效也”，《易通卦验》“立夏风至而龙升天”。此外，龙是传说中人们能骑以上天的神异动物。

4. 掌管雨水

龙具有掌管雨水的神性，并把它当做水神进行崇拜。有关龙掌管雨水的材料是很多的。例如：“二月二，龙抬头；大仓满，小仓流”“二月二，龙抬头，天上下雨地上流；春天里俺打扇鼓盼春雨，秋天里俺打扇鼓庆丰收”。

5. 辟邪

中国古代青龙、白虎、朱雀、玄武四种动物图案代表东、西、南、北四个方位，以这四种动物图案装饰各种器物的习俗都非常流行。在人们看来，这四种动物都具有辟邪的作用，现在很多建筑门口都放着二龙戏珠，除了装饰作用之外，也是为了辟邪。还有玩龙灯舞狮子不仅为了娱乐，给节日增添喜庆气氛，同时也是为了辟邪。

从以上可以看出，具备这些本领的动物在自然界中是无论如何也找不到的。龙，只是人们想象中的一种动物，所有这些本领都是人们赋予龙的。

6. 比帝

比帝是龙后起的神性，即比喻龙有象征人间帝王神权的神性。此神性的获得经过了几千年的吸纳、综合、演进，是在龙的形象已趋于成熟，龙的各种神性已经显露的基础上产生的。但是龙为什么有兆应和象征帝王的神性呢？这主要得从龙的基本神性上找，这些基本神性和“帝王性”多有吻合之处

首先，龙喜水而畅游于江河，龙好飞而通达于天庭。龙潜飞自如，无挂无

碍，自由来去于昊天潢池，自然而然地就充当了天地间的信使。一方面，它可以直达天庭，向天帝反映人间的情况；另一方面，也可以从天庭下来，传达天帝的旨意。皇帝不是说自己“受命于天庭”吗？不是自称是天的儿子，代天帝管理人间吗？显眼，龙的通天神性和帝王们带天牧民的帝王性在这儿合在一起了。于是，帝王们都成了“真龙天子”。

其次，龙有征瑞的神性，所谓“吉祥之瑞，受命之征”，是能给天下人带来好处的神物。帝王们也都认为自己的君权是神授予的，自己是人们的大救星，肩负救民于水火，解民于倒悬的使命，具备着布德于四方，实惠于万民的神力。因此，帝王们差不多都感觉良好，认为自己的王道德政和龙的吉祥嘉瑞是一致的，同工同能的。

再次，龙还具备善变、灵异、兆祸、示威的神性，它时而怪诞，时而灵异，潜现无时，变化莫测，常常发威，动辄迁怒，张牙舞爪，凶恶狞厉，这一切都是帝王们所需要的。专制主义喜欢以神秘而售其恶，以多变而掩其奸，以乖谬而显其力，以加祸而显其威——喜欢一副张牙舞爪、凛然不可侵犯的姿态，令人生畏。在这些方面，龙和帝王是差不多一致的。

另外，中国人生来喜欢尚古，喜欢效法先祖前贤。过去的帝王是龙，后来的帝王自然也是龙，即便不具备龙性，也设法把自己包装成龙。

这样看来，在专制主义盛行的中国，龙要是不具备象征帝王的神性，或帝王们要是不以龙自比或受比，那倒有些不合理了。

中国龙进入当代以后，身上的帝王气逐渐消失，表示吉祥嘉瑞的神性更突出了。因此可以说，当代的龙已经走下张牙舞爪、不可侵犯的“神坛”，变得喜悦和善，可亲可近，似乎已成为一种“吉祥物”了。

龙并不是中国特有的，许多民族都有关于龙的神话传说。但是像中国这样，以龙为荣、为尊，而且各种事物都多少跟龙有关系的国家却是绝无仅有的，我们到处可以感觉到龙的存在及人们对它的崇拜。

（三）龙的痕迹

龙的痕迹是指龙在神州大地上留下的种种痕迹，也就是博大精深、源远流长的龙文化在人们的生活、山水和地域中的表现。在中国，带有“龙”名的地方数以千计，其中又有以数字为题的，如吉林省的二龙、江西省的三龙、辽宁省的四龙；有些以龙的身体为题，如江西省的龙头、四川省的龙角、贵州省的龙额、黑龙江省的龙爪；还有些以龙群为题，可以组成龙王、龙母、大龙、小龙、金龙、木龙、水龙、土龙等等。中国含“龙”字的江河，可查的就有四十多个，而我们熟识的黄、青、赤、白、黑龙，就分别在四川省（黄龙河）、河北省（青龙河和赤龙河）、天津（青龙湾河和黑龙港河）、甘肃省（白龙江）、上海（白龙港河）和黑龙江省（黑龙江）。几乎每一省都有龙江、龙湖、龙山、龙洞、龙泉、龙潭，还有数不清的龙王庙。

日常生活中也有龙的踪迹。衣有龙袍、龙冠；食有龙虾、龙眼、龙须面；建筑有龙宫、龙亭；行有龙舟、龙车；家具有龙椅、龙床。正月十五要舞龙灯，五月端午要赛龙船。动物有龙马、龙蚤；植物有龙葵、龙舌兰、龙须草、龙须菜、龙柏、龙爪槐。风水宝地叫龙穴，抽水的水车叫龙骨水车，大吊车叫龙门吊。天上有龙星，地下有龙脉。古代的类书中和龙有关的名词不下数百。一千年前编辑的《太平广记》搜集的龙的神话小说，就有八十一则。在中国，龙简直无所不在。龙的文化，源远流长。

（四）龙的崇拜

龙被人们赋予了无比神圣而丰富的意义，龙的形象在历来的雕刻、绘画、服饰、建筑以及舟车、器物的制作上都有出现。可见，对于龙的崇拜到何种程度。

在中国古代，龙的出现预示着大人或圣人的降临。例如，“孔子当生之夜，二苍龙亘天而下，来附微在房”。后来以龙象征人中之杰，例：“飞龙在天，大人造也”，“飞龙在天有圣人之在王位”，故皇帝为“真龙天子”，凡与皇帝有关

的事物都冠以“龙”字，如“龙颜”“龙袍”“龙种”等。龙是祥瑞之兆，是神圣的象征，因此，龙的作风与气派亦成为中华民族精神气质的象征，华夏子孙皆以“龙的传人”自称。龙的形象与痕迹都预示着吉祥如意，昭示着兴旺发达。

民间有许多关于龙的节目和龙的短语：

舞龙：流行于全国各地的流行舞蹈，是由古代以龙形祈雨的形式演化而来的民俗活动。最初在春季生产季节进行，后来渐渐与放灯、灶火之类的春祭、祈年活动结合起来，统称为舞龙灯。经过千百年的流传，各地舞龙活动的习俗与程式各不相同、丰富多彩，具有广泛的群众性。从形式上看，少者一人舞一龙，多者百人舞一龙；从龙的多少来看，有的挥舞一龙，有的几条龙同舞；从造型上看，有“布龙”“草龙”“人龙”“绣球龙”等百种之多。常见的为“龙灯”和“布龙”，龙灯，也叫火龙，用竹篾扎成龙头、龙身和龙尾。龙身一般从七节到数十节不等，多为单数，节与节之间，以一米多的彩布相连，再用色彩绘成龙的形象。每节内燃灯烛，节下装长柄，供舞者握持。舞时，一人手拿“宝珠”（球形灯彩），在龙头前引龙起舞。火龙以气势雄伟磅礴见长，多在节日夜晚耍舞。有的地方在舞龙灯的同时还放焰火爆竹，加之锣鼓齐鸣声势炽烈，蔚为壮观。有的舞龙灯时，以数十盏云灯相随，龙灯在云灯中来往穿梭，烘托出祥龙腾云驾雾之势。也有的以鱼灯、虾灯、螃蟹灯等与龙灯同舞，龙在各种彩灯中飞舞盘旋，刻画出翻江倒海之貌。故龙舞是喜庆佳节中最常见的一种娱乐活动，并表达着人们祝愿人寿年丰之意。

龙舟竞赛：又称龙船节、龙舟节，是流行于南方的传统节日。一般认为是为了纪念爱国诗人屈原的活动。以龙形舟舫称为“龙舟”并作为竞技活动，大约起于唐宋之际，而五月端午以龙舟竞技之俗，据可靠记载应该在北宋时代，此后久盛不衰。现如今我国南方仍盛行赛龙舟活动，举行时间因地而异，江南多在春季举行，贵州等地的苗族在每年的端午节前后举行，并伴有跑马、斗牛、踩鼓和游方等活动。龙舟节已成为体现尚武精神，展现健康体魄，象征团结协作精神的家喻户晓的竞技活动。

龙袍：古代皇帝所穿的袍服，因上绣龙纹，故称作“龙袍”。清朝的龙袍，

一般绣九条金龙，但从正面或背面单独看时，所见都是五条，与九五之尊的九五之数恰好吻合。袍的下端斜排着许多弯曲的线条，名为“水脚”。水脚上有许多波涛翻滚的小浪，浪上又立有山石宝物，俗称“海水江崖”。除了包涵绵延不断的吉祥之意外，还隐喻着“一统山河”和“万事生平”的寓意。龙被视作帝王的化身，除帝后及贵族外，其他人不得“僭用”。

龙马精神：在唐·李郢《上裴晋公》诗中：“四朝忧国鬓如丝，龙马精神海鹤姿。”龙马，是指传说中的骏马。龙马精神，就是像龙马一样精神。后比喻健旺的精神。

龙腾虎跃：形容威武雄壮，非常活跃。也作虎跃龙腾。

活龙活现：形容神情逼真，使人感到好像亲眼看到一般。

龙生九子：古时民间有“龙生九子，不成龙，各有所好”的传说。比喻同胞弟兄志趣性格各有差异，并不相同。

生龙活虎：形容很有生气和活力。

龙飞凤舞：形容山势蜿蜒雄壮，也形容书法笔势舒展活泼。

龙文化涉及人们生活的各个方面，是不同民族的人们生活经验沉淀的结果，汉语中有关“龙”的词语也几乎涵括人们生活的方方面面。人们视其为灵物、吉祥物，把其当做神权的象征，对其崇拜不言而喻。

四、龙文化的含义

龙文化含义演变过程大致可以划分为两个阶段：先秦时期，人们主要赋予龙各种非凡的本领，把龙当做神灵进行崇拜；秦汉以后，人们主要赋予龙以各种象征意义。龙崇拜的文化含义是随着时代的发展而发展的，反映人们当时的愿望和要求。因此，龙文化的含义是不断变化的。龙的文化含义主要有以下几种：

（一）把龙当做百虫之长

把龙当做百虫之长，这种文化含义从某些节日的名称就可以看出。龙抬头节是一个非常重要的日子，之所以这样称谓是因为以龙作为一切虫类的代表。二月二是龙抬头的日子，同样也是一切虫类开始抬头的日子。在这个日子里，人们开展敲房梁、熏虫的活动，就是为了将蛇蝎等毒虫的头压下去，让他们的头抬不起来，而让龙抬起头来。因此，人们确实在龙抬头的节日里给予龙是百虫之长的含义。

（二）把龙当做保护神

把龙当做保护神进行崇拜是龙崇拜最原始的文化含义。人们把龙当做能够驱邪御凶的灵物，向它祈求吉祥幸福，这个灵物就成了保护神。这种文化含义我们从在房屋前面和房屋周围撒灰两种习俗可以看出。龙抬头节期间，人们在房屋前面(或者房屋周围)撒灰，是为了驱赶各种毒虫，把它们挡在屋外，不让它们闯进屋里来。人们把灰撒成龙蛇形状，显然就是想

利用龙蛇的形貌去驱赶、吓跑各种毒虫，以便达到辟邪御凶、吉祥幸福的目的。这是一种非常古老的习俗，是最原始的文化含义之一。在有些墓穴中，会发现用石块堆制而成的龙和虎，龙和虎对墓主人起着护卫作用，是墓主人的保护神。显然，当时这些地方的人们都把龙当做保护神进行崇拜。我国民俗至今仍把龙当做保护神进行崇拜，人们在节日里玩龙灯、舞狮子，就是把龙、狮子当做保护神，以求辟邪御凶、吉祥幸福。

就现代而言，人们把龙当做保护神来进行崇拜用来辟邪御凶，主要采取以下两种方法：一是在建筑物前面竖立华表；二是在屋顶上摆放二龙戏珠。

华表主体为一根硕大的石柱，柱身用浮雕法雕刻着一条巨龙。巨龙环绕柱身，头在上方，尾在下方，尾部略微向上倾斜，整个龙体盘旋而上，龙身两侧雕刻着许多云纹和波浪纹。石柱上方向左右两侧各伸出一块石片，长短不一，石片上面也都雕刻着许多云纹。石柱顶端雕刻着一只蹲兽。房屋前面所竖立的华表一般为两根，分立于左右两侧。一般只有在那些重要的公共建筑物前面才竖立华表，有用石头做的，也有用钢筋、水泥做的。在房屋前面竖立华表是由在房屋前面堆塑龙形演变而来的。

一般的建筑物都是用二龙戏珠来装饰的。他们的位置各不相同：有的在房檐上方，有的在院子门口的屋顶上。比较常见的是放在院子门口的屋顶上。它们也是由在房屋前面堆塑龙形演变而来的。

为什么二龙戏珠具有保护神的作用呢？我们知道龙的原型是毒蛇，毒蛇所释放的毒液是能置人于死地的，任何生灵都无法抵御毒液的危害，人们对其十分恐惧，便以为其他一切东西都害怕毒蛇，于是，他们利用这个像毒蛇形貌的龙来吓唬、赶走一切可能对自己造成危害的东西。由此可见。人们用龙来辟邪是以毒攻毒的办法，人们看中的是龙能释放毒液这一特殊本领。但是，蛇在什么时候释放的毒液威力最大、毒液最多呢？就是两蛇交配的时候。由于这种说

法太粗俗，于是逐渐被淘汰，把画面稍微改变一下，用含有这个意思的二龙戏珠来代替了，这其实是采用了象征的说法。二龙代表雌雄二龙，它们所戏之“珠”成为“宝珠”或“火珠”，是从毒蛇的毒液抽象而来的，象征辟邪。另外从装饰美学的角度来说：屋顶正中是宝珠，两边是奋勇向前的龙，有点有线，既对称又平横，生动活泼，富于娱乐性，十分优美。这样一来，整个画面，不仅雅观，而且生动活泼、含蓄典雅、寓意深刻，容易被人接受。于是，这种造型最受人们欢迎、使用最为广泛，成为我国建筑艺术和民族建筑的重要特征。

（三）把龙当做水神

由于人们把龙想象成为能飞行上天的灵物，认为龙飞翔的时候必定有云跟着，有了云就有可能下雨，从而认为龙能够带来雨水。春天和夏天的雨水较多，人们认为这是龙在天空行云布雨的结果；秋天和冬天雨水较少，人们认为这是龙潜入深渊的结果。慢慢的龙由保护神的地位成为分管雨水的水神，而且这逐渐成了他的主要职能。人们需要雨水的时候，就向龙神祈求，把龙当做掌管雨水的水神进行崇拜，定期举行祈龙求雨的仪式。这个仪式有时是制作土龙，有时是在龙王庙里供奉、祭祀五龙，在干旱的时候便求助于他们。在那时，如果春天求雨则制作青龙即苍龙，夏天求雨则制作赤龙，秋天求雨则制作白龙，冬天求雨则制作黑龙。季节不同，人们所制作的颜色也各不相同。据说，我国在宋代就有了龙王庙，庙里供奉着青龙、赤龙、黄龙、白龙和黑龙的牌位，人们可以在龙神庙里祭祀龙神，祈求雨水。龙抬头节期间祭祀龙神来求雨水的习俗大概也是由此发展而来的。不管求雨效果如何，人们还是一如既往的把龙当做掌管雨水的水神进行崇拜。在各种祈神求雨的巫术活动中，祈龙求雨也是最重要最普遍的一种。

把龙当做水神还可以从打灰囤(又称“围仓”)和撒灰至井边(或河边)两种撒灰方

式中看出，从汲水和晨忌挑水两种民俗中也可以看出。撒灰至井边，是祈求龙神保佑当年风调雨顺、五谷丰登，打灰囤(围仓)也是这个意思。显然，这两种撒灰办法分别是从在房屋周围撒灰和在房屋前面撒灰演变而来。汲水是为了把龙神引进屋里来，晨忌挑水是为了避免碰触水中的龙头而使龙抬不起头来，招致水旱之灾。很明显，这些做法都是把龙当成了掌管雨水的水神。这在一些出土的彩陶盘上可以得到证明，彩陶盘底绘制了一条口衔麦穗的蟠龙，从中可以看出，当时这里的人们已经把龙当成了掌管雨水的水神，向它祈求风调雨顺、五谷丰登。这是迄今为止我们所发现的可以用来说明人们把龙当做水神进行崇拜的最早材料。民间也流行这样两句谚语：“二月二，龙抬头；大仓满，小仓流”，“金豆开花，龙王升天；兴云布雨，五谷丰登”。

（四）人们自喻为龙

这种文化含义从剃龙头、戴龙尾等习俗可以看出。人们把自己(或儿童)的头说成是龙头、给儿童戴龙尾，显然是把自已或儿童比作龙，借龙抬头日这个特殊的日子讨个吉祥。我国有一条成语，叫“望子成龙”，就是父母希望子女长大以后有出息的意思。春秋末年，人们开始把有才能、有本领的人比作龙。例如，孔子就曾经把老子比作龙。战国末年，人们也曾经把秦始皇称为“祖龙”。封建时代，皇帝自命为真龙天子，将龙崇拜的这种文化含义窃为己有。现在，中国人自称“龙的传人”，将龙崇拜的这种文化含义解放出来。这些材料说明，人们喜欢把有出息、有本领的人比作龙，或者自喻为龙。

这些文化含义是龙文化的基本内涵，后来随着社会的发展又演变出许多象征意义，有了新的内涵。

（五）把龙当做祥瑞的象征

把龙当做祥瑞的象征是由把其当做保护神进行崇拜而来的。人们认为龙能

保护自己，于是雕塑龙形、刻画龙纹等。即使把龙当做保护神来看，也可以是把龙当成是祥瑞的象征，因为把龙当做保护神进行崇拜就是为了祈求吉祥幸福。因此，人们总是把龙当做能够带来吉祥幸福的瑞兽，把龙的出现当做昭示吉祥幸福的瑞兆，古代统治者甚至把龙的出现当做是国泰民安的象征。于是，人们到处刻画龙纹、绘制龙形，无论是在器物上还是在衣服上。

在一种名为“龙凤呈祥”的图案中，龙凤都被当做祥瑞的象征，这种图案古往今来一直都非常流行。“龙凤呈祥”还是一种俗语，人们经常在饮食起居方面用“龙”“凤”来给各种事物命名。所以说人们把龙当做祥瑞的象征。

（六）专制皇权的象征

龙的这种文化含义是由把龙当做百虫之长等文化含义演变而来的。人们把龙当做百虫之长，认为龙具有非凡的本领和神奇的力量，能升天，能潜渊，能行云布雨，能辟邪御凶，是最有智慧、最有本领的动物，从而把有智慧、有作为的人比作龙。但是把龙当做是专制皇权的象征是与一位帝王分不开的，他就是刘邦。当时他为了获得民心、巩固地位，把自己说成是龙种。当然，我们知道这不过是其获得统治的一种手段而已，但是其后，慢慢的龙由象征专制君主转为专制皇权的象征。帝王就是龙种，是代表神灵来统治天下的真龙天子，其权力是神赐予的，任何人不得违背。

中国古代历代皇帝都自称“真龙天子”，他们甚至垄断龙纹，不许其他人使用，只许自己使用。龙，成为专制皇权的特征。古代统治者为了加强统治，巩固地位，总是想方设法垄断龙纹，可是他们自己却滥用龙纹。从宫殿庙宇、服饰车舆到日用器具，到处雕刻绘制着龙形。所以，在皇家的御花园里，关于龙的雕塑和画面比比皆是。颐和园的正门东门，当你从门口走入以后，迎面进入仁寿殿的小门两边的墙上，就有一组活龙活现的浮雕。转过去的墙面上，依然是两组龙的浮雕。龙，在这里，象征着皇权，象征着统治王

朝的貌似繁华……

（七）民族文化的象征

现在龙的象征意义发生了重要的变化，不再是专制皇权的象征，而是民族文化的象征。作为中国文化的象征，龙在民间也以各种方式出现。现在把中国比作龙、把中华民族比作龙，这比把某个人比作龙的思想境界高得多。把中国比作龙，其主题是爱国与奋进。以龙代表民族文化，表示要继承优秀文化遗产，并且使之发扬光大。

到了当代，龙这一形象被赋予更积极的意义，泛化生发出一系列代表中华文化的精神。这种精神概括起来主要包括：昂扬奋进、刚健有力、奋发图强、积极进取、开拓创新、民族团结、包容和谐、和衷共济、自强不息、气度恢弘、永不言败。这种精神就是中国的精神，华夏文化的精神，即“龙的精神”。于是中国被称为“龙的国度”，中国人被称为“龙的传人”。龙成为世界上无数华夏儿女、炎黄子孙共同的心理图腾和精神寄托。至此龙不但成为中华民族发祥和祥瑞的象征，而且是整个中华民族的象征，整个华夏民族伟大复兴的象征。在鸦片战争时期，中国遭受空前的灾难，汉语中使用“龙困浅滩”来形容中国大地悲惨的境遇。而当代日趋强大的中国被誉为“东方巨龙”。

在民族象征方面，提到龙，人们很自然地想到中国，龙已经作为一种符号，变为一种精神，影响着整个中国大地。所以，龙成为民族文化的象征，成为激发人们爱国热情，鼓舞人们奋发向上的巨大精神力量。

五、何为“凤”

在人们心目中，凤一直是美好形象的代表，象征着吉祥如意，是吉祥鸟。然而，凤到底为何物呢？我们将从凤的形貌和原型两方面进行探讨。

（一）凤的形貌

从凤的形貌来说，现在所流行的凤形：锦鸡首，鹦鹉嘴，孔雀脖，鸳鸯身，大鹏翅，仙鹤足，孔雀毛，如意胜冠。这些变化并不是一朝一夕形成的，而是经历了一个十分漫长的过程。

关于原始凤形象的文字记载主要有：

《南山经》曰：“丹穴之山，……有鸟焉，其状如鸡，五彩而文，名曰凤凰。”

《说文》曰：“凤，神鸟也。天老曰：‘凤之象也，鸿前麟后，蛇颈鱼尾，鹳颡鸳思，龙文虎背，燕颔鸡喙，五色备举。’”

《尔雅·释鸟》曰：“鸡头，蛇颈，燕颔，龟背，鱼尾，五彩色，其高六尺许。”

《禽经》曰：“鸿前、麟后、蛇首、鱼尾、龙文、龟背、燕颔、鸡喙、骈翼。”

《山海经·图赞》说有五种像字纹：“首文曰德，翼文曰顺，背文曰义，腹文曰信，膺文曰仁。”

凤是传说中的神鸟，其形貌集合了多种动物的形貌特征，并经过创造性的艺术加工而形成。在人们看来，凤的每一个形貌特征都具有某种特殊的象征意义：如意冠表示称心如意，鹦鹉嘴表示动人的音乐，孔雀羽象征吉祥，鹤足代表长寿，鸳鸯身寓意为美满的爱情，大鹏翅则表示鹏程万里，等等。显然，具有这些形貌特征的动物在自然界中是不可能存在的。就形貌而言，凤是人们根据自己的愿望和要求想象出来的，是人们心目

中的理想事物的化身。

（二）凤的原型

凤是传说中的神鸟，在前面，我们对凤的形貌问题进行了探讨。凤的形貌是集合了许多动物特征，经过创造性的艺术加工而形成的理想形象。这种动物在自然界是根本不可能存在的，完全是人们虚构出来的形象。但是，无论人们的想象力多么丰富，都不可能凭空去想象，他们的想象总是会有所依据的，这个依据就是凤的原型，找到了这个依据，也就找到了凤的原型。怎样去寻找这个依据呢？我们从凤的形貌入手。

徐整《正历》曰："黄帝之时，以凤为鸡。"

《孝子传》曰："舜父夜卧，梦见一凤凰，自名为鸡。"

《韩诗外传》曰："鸿前而麟后，蛇颈而鱼尾，龙文而龟身，燕颔而鸡喙。"

《尔雅·释鸟》曰："鸡头，蛇颈，燕颔，龟背，鱼尾，五彩色，其高六尺许。"

当代民间艺人画凤技法中谈到："锦鸡首、鹦鹉嘴、孔雀脖、鸳鸯身、大鹏翅、仙鹤足、孔雀毛、如意胜冠。"其中明确指出凤头是鸡首。现在，我们在绘画、雕塑、刺绣等作品中所见到的凤形，无不具有这一特征。

从以上我们可以看出他们的共同特征是：都与鸡尤其是鸡头密不可分。因此，我们可推断出鸡就是人们所赖以想象出凤的依据，凤的原型就是鸡。

另外，我们现在常把鸡爪称为"凤爪"、鸡翅称为"凤翅"、鸡腿称为"凤腿"等；还说"鸡窝里飞出金凤凰"，是说鸡可以升华、神化为凤；"落地的凤凰不如鸡"是说凤也可以降格，俗化为鸡；又说"凤凰落毛本如鸡"，这些都把鸡和凤连在了一起，这也可以作为鸡是凤的原型的又一佐证。

六、凤的名称及其来历

我们现在称之为吉祥鸟的“凤”，有没有其他称谓？其名称经历了一个怎样的变化过程？凤是如何产生的？

（一）凤的名称

凤自产生以来，不仅有许多别称，更经历了一个有雄到雌的变化过程。

1. 凤的别称

凤是人们以现实为基础集合多种动物特征虚构出来的理想灵物。它虽然在现实中根本不存在，却符合一般禽鸟的结构，是禽类的结合体。在漫长的岁月演变中，凤的别称日益增多。

(1) 天鸡，凤的早期称呼。

(2) 鸾鸟，《广雅·释鸟》曰：“鸾，凤凰属也。”

(3) 夔凤，夔是一种想象性的神怪动物，大致形态为蛇状单足，夔凤就是长条形单足的早期凤形象。在商周青铜工艺上常用来做装饰，造型特点是闭嘴瞪眼，长冠卷尾，昂首凝视，规矩严谨。

(4) 青鸾，是一种善于歌唱、五彩俱备而以青色为主的鸣禽，体形比凤略小。

(5) 白鹄，浑身纯净洁白，因此，又称“白凤”，象征高贵、皓洁、和平，当它与其他鸟混杂在一起时，显得格外高雅、华贵和悦目，深得古代高雅之士的喜爱。

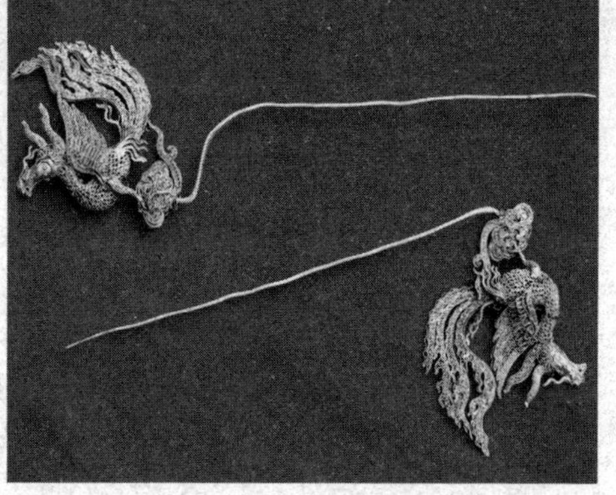

(6) 丹凤，凤的美称。丹表示红，古人认为是象征南方的色彩。太阳是三辰（日、月、星）之首，寓有光明、幸福之意。“丹凤朝阳”是明清时期常用的吉祥图案。

2. 凤由雄到雌的演变

凤从代表男性到最后象征女性，也

即由雄到雌，这个转变经历了长期的过程。

众所周知，凤是凤凰的简称，雄曰凤，雌曰凰，由此凤凰本身就具有雌雄之分。在人们的心目中，凤凰就是一对永不分离的伴侣。

在春秋末年卦辞里有“凤凰于飞，和鸣锵锵”，这代表了婚姻吉祥，后来人们便把“凤凰于飞”比喻为夫妻恩爱，还有用它来贺婚的。前面谈到司马相如所作“凤求凰”就是以自己比凤、以卓文君比凰，希望与其似凤凰那样比翼双飞。从此，“凤求凰”便常用来比喻美好的爱情。

在宋代以前，凤与龙一样，常用来形容一些杰出的男性。如孔子被誉为凤，诸葛亮为卧龙，庞统为凤雏。陆云六岁能文，闵鸿见了叹为神童：“此儿若非龙驹，当是凤雏。”唐初马周曾以“鸾凤凌云”颂喻唐太宗。唐代李白常把自己比作凤，喻自己怀才不遇。这些例子可以说明直到唐末五代，民间一直以凤作为男性的象征。汉朝定下制度，皇帝乘坐的车称为凤辇，帝王的皇宫称为凤阙或凤楼，皇帝仪仗所用的华盖称为凤盖，奉诏称为“凤举”或“凤诏”等，也说明凤是男性的象征。此时的凤与龙还没有性别方面的对应关系。

凤由代表男性到代表女性的转变大约经历了一千多年的历程，其间有两个历史人物对这种转变起过重要的作用，一个是秦始皇，一个是武则天。秦始皇令三妃九嫔头插凤钗，足登凤头鞋，第一次把凤与女性的装饰联系起来，与后来凤的女性化有极大的关系。汉代出现了以金凤形象为主的步摇。汉制还规定：太皇太后、皇太后入庙，一定要以凤凰为冠饰。凤钗最初只是贵族妇女的饰品，甚至只限制在皇室，后来逐渐在民间流行。贫家女出嫁，备不起金银首饰，也要插一支铜凤钗以示喜庆和风光。凤与女性有了越来越密切的关系。追根溯源，是秦始皇开的头。

武则天对其转变也起了重要的作用。武则天做皇帝，不搞龙瑞而制造凤瑞，有自比为凤的意思。唐高宗死后，武则天以皇太后身份临朝称制，儿皇帝只是摆设。为了显示她崇凤，就把中书省改称凤阁，门下省改称鸾台。更加明显的

一次是载初二年九月五日，据《资治通鉴·唐纪》载，这一天“群臣上言，有凤凰自明堂飞入上阳宫，还集左台梧桐之上。”四天之后，武则天就“革唐命，改国号为周，改元为天授”，成了中国历史上唯一的女皇帝。可见，武则天是煞费苦心要把凤和自己联系起来，这为后来凤成为女性的象征开了先河。

在以后很长的一段时间里，人们还是把凤和男性相联系。民间男性的服装绣有凤形纹样也是常见的，古代女子给别离的丈夫制作对凤衣，是因为凤是吉祥如意的象征，希望丈夫外出吉祥如意。同时，凤、逢同音，对凤，有成对、相逢的含意在里面。由此可知，凤到唐代还没有完成女性化转变。

到北宋初年，萧史和弄玉的故事结尾被改成“弄玉乘凤，萧史乘龙而去”，出现了男乘龙、女乘凤的区别。这说明，至迟在北宋初年，凤的女性化已得到了人们的确认。当时无论南北以凤象征女性已成定势。最能显示出凤女性化的，是皇室的舆服制度。宋代，皇帝、皇后在舆服上的龙凤分化已经逐渐明确起来，皇帝的车舆以龙饰为主，皇后的车舆以凤饰为主，但还不固定。直到明代，帝后车舆上的龙凤区别才十分明确了，皇帝玉辂上的一切装饰、雕饰、纹饰全是龙纹，后妃则全是凤纹。此时凤象征女性，已经在制度上固定下来了。因此，宋以后，便少见以凤喻才智出众之男士了，其原因并不主要是统治者对凤的垄断，而是宋以后凤已是女性代表的缘故。

清代帝王陵寝内保存着历朝皇帝皇后的朝服像，从中可以看到皇帝坐的是龙椅，皇后坐的是凤椅。慈禧陵前的龙凤彩石构图与众不同，其他陵墓一律是左龙右凤，龙凤位置与帝后座次相同，独有慈禧是上凤下龙，象征着垂帘听政。清朝皇帝皇后坐的车也和明代一样，帝龙后凤区别十分明显。对比汉代皇帝御凤凰车，帝座称之为凤辇，充分说明凤在当时仍是代表男性的。宋以后首先在宫廷里，然后

在民俗心理上，完成了女性化的转变。民间俗语说："生子如龙，生女如凤。"显然都是宋以后的观念。凤成了女性专有的代称。

（二）凤的来历

要谈凤凰的起缘离不开龙，凤到底是怎么来的呢？我们已经知道轩辕黄帝统一了三大部落、七十二个小部落，建立起世界上第一个有共主的国家后，在原来各大小部落使用过的图腾基础上，创造了一个新的图腾——龙。

那么凤凰又是怎么来的呢？"龙"的图腾组成后，还剩下一些部落图腾没有用上，这又如何是好呢？黄帝第一妻室嫘祖是一位绝顶聪明的女人，发明创造了许多东西。她发明了养蚕，便给黄帝制作了衣冠。嫘祖受到黄帝制定的新图腾的启示后，她把剩余下来的各部落图腾，经过精心挑选，细心端详，也仿照黄帝制定的龙图腾的方法：孔雀头，天鹅身，金鸡翅，金山鸡羽毛，金色雀颜色……组成了一只漂亮华丽的大鸟，嫘祖叫来黄帝另外三位妻室征求她们的意见。方雷氏是个有心计的女人，她对嫘祖说："姐姐，你组成的这只大鸟像只美丽的大公鸡，可就是个单身汉，水中的鸳鸯还是成双成对呢！"一席话提醒了嫘祖。当时，彤鱼氏，嫫母也齐声叫好，都说方雷氏说的有道理。她们姐妹四人，一齐动手，把剩余下来的，没有用到'龙'图腾上的其他小图腾，很快地组合成了另一只华丽的大鸟，正好和嫘母组成的大鸟配成一对。可是，把它们叫什么名字呢？这下可把黄帝四位妻室都难住了。最后，她们还是请来足智多谋的风后、造字的仓颉，叫他俩给这两只大鸟取个名字。风后看罢，哈哈大笑说："黄帝制作了一条'龙'，世界上各种飞禽走兽中找不到它，你们四人又制作了两只大鸟，空中飞翔的鸟群中也找不到它。这就成为世界上最珍贵的吉祥物。"仓颉全神贯注，一直在仔细地观看这两只鸟，一句话也没有说。直到嫘祖问他时，仓颉把早已想好的名字脱口而出："我看就叫'凤'和'凰'。凤，代表雄，凰，代表雌，连起来就叫凤凰。"

"好！我赞成，就叫凤凰。"

原来，谁也没注意到，黄帝早已站在他们身后，倾听着他们的谈论。现在既然黄帝赞成叫凤凰，就请黄帝作最后决定。黄帝沉思了半天，才说："在世界上生存的飞禽走兽中没有龙凤，它的高贵处就在这里。我看，还是风后说得对：这两种图腾谁也不会伪造，给后世的子孙万代也立下规范。我同意，'龙凤'就正式定下来，作为新部落统一联盟后的新图腾"。这就是"凤凰"的来历。

五千年来，中华民族都接受了龙凤的神话传说，龙凤成为中华民族的伟大象征物，成为每个中国人的精神支柱。广大人民也把龙凤作为吉祥物，所以，中国人走到哪里就把龙凤带到哪里，在世界各地只要有龙凤，就有中国人。

七、凤的传说故事及其崇拜

和龙一样，凤的神话传说很多，在这些传说故事中，凤也被赋予了种种的神性。

（一）凤的传说故事

在神化过程中孕育成长起来的凤鸟，在某种意义上，她比龙更接近自然形态而更富于人性化，具有一定的情感因素，更能获得人们的亲近和喜爱。关于它的传说故事主要有以下几种：

传说在很早以前，百鸟无忧无虑地生活在美丽的大森林里，天天欢乐歌唱。有一只羽毛朴素的、不受群鸟注目的小鸟，名字叫做凤凰。她不像其他鸟儿那样，只管玩乐，而是从早到晚忙碌着采集各种果实，还把别的鸟扔掉的食物一起收藏在山洞里。喜鹊讥笑她是“财迷精”，乌鸦讽刺她是“小傻瓜”。但凤凰并不生气，日复一日，年复一年地辛勤操劳。后来，有一年发生了大旱灾，茂盛的森林也几乎枯萎，百鸟找不到食物，有的头昏眼花，有的气息奄奄……这时，凤凰把自己多年积存的食物，都分给百鸟，终于使众鸟渡过了难关。百鸟感激凤凰的救命之恩，赞颂她的高尚情操，每只鸟都从自己身上选了一根最漂亮的羽毛，做成一件五光十色、绚丽耀眼的“百鸟衣”，献给了凤凰。从此，凤凰成了最美丽的鸟，并被推选为“百鸟之王”。每年凤凰生日，百鸟都要飞去向凤凰祝贺。“凤凰”从此成为世上美好事物和崇高品格的象征，而“凤凰”的形象，进入了装饰艺术领域，给这领域增添了无比的光彩。

《东周列国志》记载一则故事：秦穆公有一女，名弄玉。姿容绝世，聪颖无比，善吹笙，不求乐师而自成音调。穆公令巧匠剖玉作笙，弄玉吹之，声如凤鸣。穆公乃为之修筑“凤楼”，楼前并建“凤台”。一夜，弄玉在“凤楼”见

天净云高，明月如镜，乃取出玉笙临窗而吹，其声清悦，回荡天际，忽闻和声随风传来，若远若近，幽雅清奇。弄玉停笙而听，则和声亦随之而止。弄玉惘然，置笙就寝。夜梦西南天门洞开，霞光灿烂，一英俊男子戴羽冠，披鹤氅，骑彩凤自天而降；登凤台，对弄玉曰："吾乃太华山之主，上帝旨，与你完婚，天缘也。"腰间解下赤玉箫，倚栏吹之，彩凤争翼鸣舞，凤声与箫声相和，弄玉不禁神思迷恋……次日，弄玉禀穆公，令人到太华山寻萧史归。穆公请奏箫。萧史才吹一曲，清风习习；奏二曲，彩云四合；奏三曲，白鹤成对，翔舞空中，孔雀数双，栖集林际，百鸟鸣，经多时方散。穆公惊问原委，萧云："箫声和美，极似凤鸣，凤乃百鸟之王，故百鸟皆闻声而翔集。昔舜作箫韶之乐，凤凰应声而来仪。凤凰且可来，何况其他鸟乎？"萧史、弄玉婚后，夫妻和睦，日居"凤楼"，渐不食人间烟火。萧史教弄玉奏《来凤》之曲。约半载，一夜，夫妇月下吹箫，有紫凤集于台左，赤龙盘于台右，于是萧史乘赤龙，弄玉乘紫凤，双离凤台，翔云而去。

汉代还流传一个故事：文学家司马相如，少年家贫。有一次去富商卓王孙家饮酒，无意中发现卓王孙有一在家寡居的年轻女儿，叫卓文君。相如一见钟情，就弹起凤凰琴，唱起"凤兮凤兮归故乡，遨游四海求其凰"表示爱慕之情。卓文君听了十分感动，于是连夜随司马相如私奔，后结成夫妇。"凤求凰"一词，从此用来喻青年男女之间的爱情。

大概是由于这些优美动人的故事传说，在装饰纹样上便出现了"吹笙舞凤""吹箫引凤""鸾凤和鸣""鹤飞凤舞""百鸟朝凤""龙凤呈祥"等一系列寓意吉祥的图案，凤鸟图案已成为一种清新、生动、活泼的艺术形象，并逐渐发展为民族装饰艺术的代表和象征之一。

（二）凤的神性

神话传说往往不严密，随意性较大。综合各种材料来看，凤的神性主要表现在以下几个方面：

1. 百鸟之王

古代传说中凤为羽虫之长的说法比较普

遍。羽虫指飞禽类。《大戴礼记·易本命》曰：“有羽之虫三百六十，而凤凰为之长。”《尔雅·释鸟》曰：“凤，神鸟也，俗呼鸟王。羽虫三百六十，而凤为之长。”《淮南子·地形训》曰：“羽嘉生飞龙，飞龙生凤凰，凤凰生鸾鸟，鸾鸟生庶鸟。凡羽者生于庶鸟。”从这些文献记载来看，人们都是把凤作为鸟中之王来看待的。

2. 兆瑞

古人认为凤能“究万物，通天地，象百物，达乎道，律五音，成九德，览九州，观八极”，可见它是无所不能的瑞鸟，出则天下安宁，国泰民安。《说文》曰：“凤，神鸟也……见则天下大安宁。”凤的出现成了一个时代的政治清明、太平盛世的标志。春秋期间，孔子目睹天下纷争、周文明衰落的局面而感叹道：“凤鸟不至，河不出图，吾已矣夫！”古人还以凤具体的五种行止来标示政治的清明程度，《韩诗外传》曰：“得凤之象，一则过之，二则翔之，三则集之，四则春秋下之，五则没身居之。”可见凤具有兆瑞的神性。至于具体的陈说和记述就更多了。在汉代，各地都有上报见到凤的记载，其目的是为了利用民间以凤作为瑞鸟这种民俗观念来巩固其统治。

3. 秉德

人们将凤与某些道德概念联系在一起，说它是：“首文曰德，翼文曰义，背文曰礼，膺文曰仁，腹文曰信。”这是将人间的五种德行与凤联系在一起了。《抱朴子》将这五种德行规范成人们通常说的“仁、义、礼、智、信”，且同“五行”即“木金水火土”相对应。同时，凤还有“六像九苞”说，“六像”是头像天、目像日、背像月、翼像风、足像地、尾像纬。“九苞”是口包命，心合度，耳听达，舌诎伸，彩色光，冠矩州，距锐钩，音激扬，腹文户，这些都反映了凤秉德的神性。

凤秉什么“德”呢？当然是道德之“德”，德行之“德”，德政之“德”。品行高洁，动静有节，克己奉公，惠及苍生，从善如流，勤政爱民等等，都在这个“德”字之中。凤之秉德，是与人们对理想帝王、理想人杰的期待、褒赞和肯定相吻合的。既然天上的百鸟之王是很圣明的，那么人间的帝王、圣人也应

是圣明的，为人们谋幸福的。而人间的帝王、圣人只要有德于众生，那么天上的神鸟凤凰就会喜欢他，追随他。所谓：“上感皇天则鸾凤至”“天枢得则凤凰翔”“德至鸟兽凤凰翔”“恩及羽虫凤凰翔”，无一不渗透着凤秉德这一神性。

4. 喻情

凤具有喻情的神性。凤凰本身就是“雄为凤，雌为凰”。《诗经·大雅·卷阿》曰：“凤凰于飞，翙翙其羽。”意思是“凤凰雌雄双飞，翅膀扑扑直响”。后来，人们常用“凤凰于飞”来比喻爱情美满，夫妻和谐。

我们已经知道汉代文学家司马相如追求卓文君的爱情故事。其时，司马相如还是一介寒士，偶然的一次赴宴机会对卓文君一见钟情。他抚琴弹唱倾吐衷肠：“凤兮凤兮归故乡，遨游四海兮求其凰。”“凰兮凰兮从我栖，得托孑尾永为妃。”司马相如在这首后来被人们命名为《凤求凰》的琴歌中将自己比作凤，将卓文君比作凰，希望与之比翼双飞。从此，“凤求凰”便常用来比喻美好的爱情。表示凤凰“喻情”的传说故事还有不少，如《凤凰帽的传说》《金凤凰》等。

5. 驱邪

在砖头、瓦当上刻上凤纹，目的是驱邪。让凤鸟把守墓门、棺柩，以保护死者不受鬼蜮的侵扰和早日升天。为了能让死者的灵魂早日升天，人们还把天上的仙子和凤画在一起。这样，凤便成了沟通人神、连接阴阳二界的使者。

在民间建筑中，用于驱邪的凤造型随处可见。民居的门庭、窗子上饰有凤纹，还有的在屋顶或屋檐上摆放刻有凤纹的饰物等，这些凤造型都是人们用来镇宅驱邪、祈求全家平安的。

以上就是凤所具有的神性，正是因为有了这些神性，凤才得到持久的崇拜。

与龙一样，我们到处可以感受到凤在社会生活中的存在，可以发现人们对凤的崇拜无处不在。

（三）凤的痕迹

从古代到近代，凤的痕迹无处不在。远古时，凤的地位高于龙，出土的文物中，如楚国时期的一些壁画、帛画中，凤占主导地位，展翅飞翔的凤敢于追啄龙。后

来两者的位置出现了变化，尤其是在漫长的封建社会中，龙成了历代帝王的“图腾”，其他任何人是不能用的。而凤则降为附属的位置，用于皇后嫔妃等。到了清代慈禧太后时，她为了突出自己，便一改龙凤的位置。清东陵的慈禧太后墓宫中的壁画，都是凤在上，龙在下，与其他的龙凤图截然不同。总之，在专制社会里，到处可以看到凤的踪迹。

深受人们青睐的凤凰逐渐走进民间，受到老百姓的喜爱，在衣食住行等方面到处都有凤的身影，如穿戴有凤冠、凤鞋、凤钗；吃有凤翅、凤爪；住有凤楼；节日或婚娶喜庆时，剪个凤凰贴在室内，满堂生辉；出行有凤辇、凤扇；吹奏有凤笙、凤箫等；还有龙飞凤舞、龙凤呈祥、凤毛麟角等成语；给女孩子起名，如凤翔、凤丽、凤云、凤君、文凤、金凤、银凤、丹凤等。特别是凤的精神鼓舞着女性的崛起，生活在穷乡僻壤的众多女子在市场经济大潮中敢于拼搏奋斗，与时俱进，成为时代的佼佼者，人们便赞美她们是“山沟里飞出的金凤凰”。

煌煌五千多年中华文明史无处不有凤文化的踪影，它与龙文化一样成为中华民族的象征，激励着华夏儿女继往开来，创造着美好的明天。与龙一样，凤是我们最熟悉也是最难弄懂的一种神鸟。从某种意义上说，现实生活中的鸟给了我们许多启示，她不像龙那样属于纯粹的想象。雉鸡、孔雀等鸟类似乎都含有凤的身影。

（四）凤的崇拜

凤，这种美丽而又神奇的巨鸟，尽管事实上是不存在的虚拟的瑞鸟，却一直是中国古代先民崇拜的对象。人们认为她能带来光明，让祥瑞降临于世；她又是“百鸟之王”，美丽动人。她的出现，预兆天下太平，人们能生活得更加美满幸福。故而，几千年来，中国人一直把凤看作是美丽和幸福的化身。

《尔雅》记凤凰“见则天下安宁”，是使天下安宁的祥瑞之禽。秦汉以来，有关凤鸟见、凤鸟至、凤鸟来仪的记载，屡见史册，用来宣扬太平盛世的祥瑞。凤鸟进入历代皇室，则与象征皇帝尊严的龙相匹配，成为象征皇后的神鸟，于

是出现了有关凤鸟的高贵吉祥图饰，皇宫内的用品也多以凤命名，如凤辇、凤冠、凤池等。凤也成为人们崇拜的“四灵”之一。

凤鸟既然是美丽神灵的物类，人们在衣、食、住、行的多个方面，便都喜爱用凤鸟作装饰纹样。凤鸟题材常常应用于宫廷、民间的各种各样的工艺美术品上；历代工匠画师、民间艺人以极其丰富的想像力和艺术刻画力，创造性地描绘出各式各样、多姿多彩的凤鸟纹样。艺术家集天下鸟类之美丽于凤鸟一身，遂使她的形象更加完美无瑕。在中国装饰艺术史上，凤纹以其独特的民族形式和艺术魅力，作为中华民族的文化象征之一，当之无愧。

民间赋予了“凤”许多短语及吉祥语：龙飞凤舞、龙凤呈祥……

凤凰冠：古代贵族妇女所戴的礼冠，因装饰着凤凰而得名。此冠以金属丝网为胎，上缀点翠凤凰，并挂有珠宝流苏，曾一度成为太皇太后、皇太后和皇后祭服的冠饰。后来又把凤冠确定为礼服冠饰：后宫妃子在隆重的场合，都要戴凤冠。有时汉族女子在婚礼或入殓时也戴凤冠。

百鸟朝凤：凤凰为百鸟之长，群鸟皆从其飞，这与人间的君臣之道相合，故以凤凰比喻君臣之道。民间美术、工艺品中常常绘制百鸟朝凤的图像，表示天下太平、祥瑞。

有凤来仪：因凤是传说中能给人带来幸福、和平的吉祥鸟，因此，有凤来仪象征贵人来临和吉祥喜庆。

凤戏牡丹：牡丹既是富贵的象征，又是美女的象征。凤凰戏牡丹，有调戏，嬉戏的含义，暗喻男女相爱，又有吉祥富贵之意。

龙凤呈祥：龙凤都是传说中想象出来的神物，不仅形象优美生动，而且被赋予了许多神奇的色彩。龙能降雨祈求丰收，同时象征皇权；凤凰风姿绰约、高贵，象征美丽、仁爱。龙凤又被用来形容有才能的人，龙凤结合是太平盛世、高贵吉祥的表现，在民间又是对新婚夫妇美好幸福生活的祝愿。

鸾凤齐鸣：鸾鸟是古代传说中凤凰一类的神鸟。鸾鸟象征人之高贵，“鸾凤齐鸣”比喻夫妻恩爱和美，是民间广泛流传的吉祥祝福。

八、凤文化的含义

凤的文化含义是人们所赋予凤的文化含义，即凤崇拜的文化含义。凤文化含义的演变过程，是由简单到复杂不断变化的过程。数千年以来，凤文化主要有以下几种含义：百鸟之王，保护神，祥瑞的象征，爱情的象征，专制皇权的象征，民族文化的象征。

（一）百鸟之王

凤崇拜刚产生的时候，人们只是把凤当做能够辟邪御凶的灵物。这个时期，人们赋予凤的本领比较少，还没完全神化。凤的形貌也比较简单，与鸡差不多，没有多大的变化，比较写实。晚于仰韶文化的甘肃马家窑文化遗址出土的彩陶，凤的装饰题材比较普遍，形貌也发生了变化，凤纹也逐渐旋涡化。到了春秋战国时期，又添加了一些其他动物的形貌特征，凤逐渐具备了多种动物的形貌特征，人们把凤作为百鸟之王的观念逐渐明确。

《大戴礼记·易本命》曰：“有羽之虫三百六十，而凤凰为之长。”这是说凤为羽虫的最高统帅。到了东汉，王充称：“夫凤凰，鸟之圣者也。”凤成了鸟中的圣者。晋张华《禽经》曰：“凤之属三百六十，凤为之长。”凤成为百鸟之王这一观念就更加明确了。把凤当做百鸟之王，是将凤神化的结果。人们认为凤具有非凡的本领和神奇的力量，其他一切鸟类都不能与之相比。

古代传说凤是百鸟之王.只要凤崇拜的观念存在，凤作为百鸟之王的观念就不会改变。

（二）保护神

如上所述，凤是百鸟之王，人们便把凤当做保护神进行崇拜，这是凤崇拜最原始的文化含义。《山海经·海内西经》曰：“凤凰鸾鸟皆戴蛇，践鸟，膺有

赤蛇。”又曰：“凤凰鸾鸟皆戴盾。”凤显得极其英武，强大有力。于是，人们把凤当做能够辟邪御凶的灵物，向它祈求吉祥幸福，这个灵物就成了保护神。古人认为，作为房屋的第一道防线，屋脊和屋顶是极其重要的，而正对路冲或位于交叉路口的房屋，受妖邪侵犯的可能性更大。因此自古就有以灵物镇守屋顶的习俗。秦汉时期，许多砖头、瓦当上雕刻着凤、龙和虎等形象。主要是因为凤是神鸟，且是百鸟之王，人们认为只要在瓦当上雕刻这些灵物，则一切妖魔鬼怪都不敢来侵害房屋主人了。显然，这是把凤当做保护神来崇拜，用来辟邪御凶。画像砖和画像石是由瓦当上的图饰和画像演变而来的，不仅用于房屋，而且用于墓穴的石棺、墓志、墓碑，这里也是利用凤是神鸟的神性来守卫死者不受鬼魅的侵扰和希望死者的灵魂早日升入天界。

今天，人们还在屋角或屋顶摆放凤形雕塑。在砖混结构的、已没有了屋脊的现代化的房屋中，人们甚至还把陶瓷等材料做成的凤摆放在屋檐边，这与放在屋顶的凤的功能是相同的。尽管人们已经明白，这些凤造型并不能为他们带来真正的平安，但是，平安仍然是人们所追求的，这正是凤崇拜继续存在的原因之一。

（三）祥瑞的象征

把凤当做祥瑞的象征，是从把凤当做保护神进行崇拜转化而来的。人们把凤当做保护神进行崇拜是为了祈求吉祥幸福，也正因为这样，人们总是直接地把凤当做能够带来吉祥幸福的瑞鸟，把凤的出现当做昭示吉祥幸福的瑞兆，古代统治者甚至还把凤的出现当做国运昌盛的象征。明朝有诗道：“飞来五色鸟，自名为凤凰。千秋不一见，见者国祚昌。”因此，人们在建筑、服饰、日用器物上刻画凤纹、绘制凤形图案，以求吉祥幸福。又常有人为了迎合统治阶级的需要而上报见到凤。天老曰：“臣闻之，国安，其主好文，则凤凰居之；国乱，其主好武，则凤凰去之。”所以历代皇帝都热衷于制造龙瑞、凤瑞来粉饰太平，那些开国皇帝更是处心积虑制

造龙瑞、凤瑞，以之作为自己登基的前奏曲。

凤还被皇帝用来当做年号，一些皇帝（如汉宣帝等）用凤作过年号，并大赦天下。“凤见”现象在封建社会从来就不曾间断过，并且愈演愈烈，其目的不过是粉饰太平，巩固其阶级统治。

作为祥瑞的象征，凤当然是民间吉祥图案中的重要题材，并被广泛地运用于日常生活的各种场合。人们以凤命名人名、地名等，都是希望凤能给人们带来吉祥和幸福。

吉祥幸福是人们永恒的追求。现在仍在流行一种名为“龙凤呈祥”的图案。其中，凤和龙仍然被人们视作一种寄托平安、幸福愿望的吉祥物。

（四）爱情的象征

凤是祥瑞的象征，能给人们带来吉祥和幸福，自然也包含了爱情的幸福。于是，凤便有了象征爱情的含义。

“凤凰于飞，和鸣锵锵”，意思是说凤凰雌雄俱飞，相和而鸣，锵锵然。后来就被人们用来祝贺婚姻美满，比喻夫妻和谐。另外前面讲过的萧史弄玉的故事比较突出地展示凤象征爱情的含义。到北宋初年，凤雌性化以后，该故事结尾变成箫史乘龙、弄玉乘凤而去。说明此时龙凤在人们心目中已是美好的一对。

古代还流行以赠送凤钗来定情。凤钗是妇女的一种首饰，男女订婚或私恋幽会，女方多以凤钗赠与男方，以表示对爱情忠贞，终生不易其志。到了唐代，发展为凤嘴上衔同心结以示象征幸福的爱情。唐代铜镜有《美凤衔同心结图》，以凤嘴衔同心结的凤纹象征幸福的爱情。隋唐时期已较普遍地将同心结象征夫妻恩爱。到明代，人们结婚时，女方穿的礼服叫“凤冠霞帔”。凤冠是一种以金属丝网为胎，上缀点翠凤凰，并挂有珠宝流苏的礼冠。到了现在，人们仍把凤作为爱情的象征。结婚点龙凤花烛，贴凤形图案或龙凤图案等。

（五）专制皇权的象征

把凤当做专制皇权象征的文化含义是由凤是百鸟之王等文化含义演变而来的。

早在春秋战国时期，人们就开始把有本领、有作为的人比作凤。例如，楚狂接舆就曾经把孔子比作凤。凤象征专制皇权，凤鸟至，帝王出，成为王权更新的代名词，从传说一直扩展到整个封建王朝。在传说中，舜就是凤的化身。一部托名刘向编撰的《孝子传》记载了这个民间传说：舜的父亲夜间睡觉，梦见一只凤凰飞来，自称是鸡，口中衔了米来给自己吃，还说："鸡就是你的子孙。"仔细看去，分明是凤凰。相传周武王为了能取胜，随机应变，以凤鸟的图案装潢自己的帅旗，以借助凤鸟的神力。越王登基时，也凭借凤鸟的神威保驾。以致后来，各地多处营造凤凰台。以至凤为帝之别名，凤城为帝王的都城。凤的出没，成了帝王兴衰之兆头，凤与朝代更新连在一起。凤为帝象，曾长期是中国封建社会帝王的一种民俗标志。大凡与帝王相关的事物，也被冠以凤名。帝王的皇宫称为"凤阙"或"凤楼"，皇帝乘坐的车称为凤辇，皇帝仪仗所用的华盖称为"凤盖"，太皇太后、皇太后、皇后都戴凤冠。他们甚至垄断凤纹，只许皇宫使用，不许他人使用。元朝专门颁布诏令规定，除帝王后妃外，其余任何人不许服龙凤纹。汉唐以后，由于龙崇拜愈演愈烈，龙在宫廷地位的急剧上升，使凤与帝王的关系遭到削弱，逐步退居后宫，主要成为皇后、嫔妃的象征。封建专制统治被推翻以后，凤作为专制皇权象征的这种文化含义也就不复存在了。

（六）民族文化的象征

随着封建专制统治被推翻，新中国建立起来，人民已成了国家的主人，因此，凤的象征意义也发生了深刻的变化。人们不再把凤当做专制皇权的象征，而是把它当做民族文化的象征。

距今约六七千年前的中国原始彩陶文化中，已有凤形象的雏形。河姆渡文化遗址出土了"双凤朝阳"象牙雕，距今三千五百多年前的商代青铜器出现了公认的凤纹。以后中国历代的装饰艺术，包括建筑、交通工具、礼器、兵器、木器家具、金工器皿、陶瓷、染织刺绣、文房四宝、民间玩

具、民间剪纸、商品装潢等都能发现凤纹。千百年来，许多地区、许多民族的人民，都曾在自己的劳动生活中，创造过许多以凤为题材的艺术珍品。这些凤纹艺术是传统艺术的代表，反映了中华民族的审美趣味。从龙凤艺术的角度，也可看出中华民族文化发展的轨迹以及生活方式、风俗习惯和审美观念的变化。凤的艺术形象给人以巨大的精神力量，它与龙一样，是中华民族的象征。

从以上论述可以看出：凤的文化含义经历了漫长的演变过程，它随着时代的变迁而不断变化。同时，它又具有鲜明的时代特征，反映了当时人们的愿望和要求。在历史的长河中，凤的有些文化含义已经消失，有些文化含义仍然存在，可能还会产生新的文化含义。总之，凤文化的含义是不断变化的，随着社会的发展而发展。

九、龙凤文化总述

中国人的吉祥观念源远流长，表达了人们追求幸福快乐，向往和谐美好的情感愿望。具体来说，中国的崇拜文化，影响最大的为动物四灵龙、凤、龟、麟。除龟之外，我们并没有见过其他三种动物。然而，龙凤总是被人们相提并论。龙是百虫之长，凤是百鸟之王，它们共同成为中华民族的象征。如同龙是封建帝王的象征一样，凤也成为后妃的符瑞。凤为中国古代动物四灵之一，在中国文化史上具有不可替代的影响，是中国神话传说中的神异动物和百鸟之王，能在火中再生，它与龙一起构成了龙凤文化。

（一）龙凤的相互对应

在我们所看到的图案以及文献中，龙凤都是相互对应的。

龙是古人以蛇为原型、融合其他动物，经过加工创作而成的一种神物，具有喜水、通天、善变、显灵、征瑞、兆祸、示威、比帝等神性。因此，龙常常被称为“鳞族之长”“众兽之君”。

凤凰是古人以鸡为原型并融合多种鸟禽等创作加工而产生的一种神物，具有向阳、达天、自新、崇高、好洁、示美、喻情、成王等神性。凤凰登上了“羽族之长”的宝座，有“百鸟之王”的称誉。二者同为神物，可以对应而互补：一个变化飞腾而灵异，一个高雅美善而祥瑞，一旦携手，便“龙凤飞舞”“龙凤呈祥”了。

我们可以从许多图案上看到：龙凤以成双成对、交缠互生、合为一体的形象出现，给人的感觉是亲密无间：你中有我，我中有你。

龙凤在文献中对应最早的，大概要数孔子和老子互相吹捧的那段文字。孔子称老子为龙，老子比孔子为凤，“龙凤是天生的一对，孔老也是天生的一对”。孔子用龙比做老子，是取了龙升天潜渊、灵异善变的神性，来比

老子静动自如的神采和纵横天地不拘一格的思辨才能。老子用凤比孔子，则是取了凤的亲德嘉仁的神性，来比孔子的至善和悦的品行和仁爱为本律己惠人的圣德。

当帝王们用“真龙天子”自比后，龙有了象征权威的神性，作为它的对应物，凤就有了象征帝后妃嫔的神性。比如：帝王服“龙衮”，帝后戴“凤冠”；帝王住“龙邸”，帝后居“凤楼”；帝王有“龙火衣”，帝后有“凤头鞋”。在颐和园里，有慈禧太后看戏时的座位。这个座位不是“龙椅”或“龙位”，而称“金漆珐琅百鸟朝凤宝座”。慈禧还不满宫中那些龙在上、凤在下的图案，在修建自己的陵墓时，下令将凤刻在龙之上。

有趣的是，龙本来是水物，属“阴兽”，凤是火鸟，属“阳禽”。但在同龙对应之后，凤逐渐由“阳”转“阴”了。这大概是由于龙身上具备了众多“阳物”的特性，已不仅仅属“阴”了，其呼风唤雨的能力，飞举变化的能量，也和属“阳”的男性相吻合；而凤由于其美丽外表，更与喜欢打扮得花枝招展的女性相吻合。还有，凤是凤凰的简称，凤凰分为雌雄，雄为凤，雌为凰，所谓“凤求凰”，但在和龙对应之后，其“雄”也“雌”化了。如中国人的姓名，以“龙”命名的男性多不胜举，而女性罕见。女性称“凤”的人不少，但是男性称“凤”的人不多。

神物是人间的产物，人间分男女，神物有龙凤。男女相爱希求美满，龙凤结合预示吉祥。于是，无论皇室御苑、庙观宫寺，还是工艺美术、服饰器具，大凡有龙的地方，几乎都可以看到凤；而有凤的地方，也都能看到龙。表现在语言上则说“龙章凤姿”“龙盘凤逸”“龙眉凤目”“龙肝凤髓”和“龙生龙，凤生凤，老鼠的儿子会打洞”“龙识珠，凤识宝，牛马只会识稻草”等等。

（二）龙凤文化的关系

作为源远流长，蕴含丰富的文化现象，凤凰和龙都是中华民族的图徽、标志和象征。如果将中华民族的符号按其功能效应的大小排个座位的话，龙无疑

是要坐第一把交椅的。那么，第二位就该是凤凰了。

那么，凤凰与龙是一种怎样的关系呢？

从目前所发现的龙凤纹可以说明：龙和凤都起源于距今七八千年的新石器时代早期，而且差不多是同步的。

从另外的一副龙凤纹可以看出：龙和凤是不同的，一个代表鳞族水物，一个代表鱼族飞鸟；龙和凤是对应的，一个在下，属地；一个在上，属天；龙和凤之间是存在争斗的，凤似在追逐龙，龙似在甩开凤；龙和凤是可以沟通的，凤嘴与龙尾相连接，尽管采取了“啄”的方式。

那么，龙和凤为什么会相互对应、配合、补充，以至于融合呢？

这要从龙和凤不同的取材对象来分析。龙的取材对象，主要是蛇为原型并融合了其他飞禽走兽、爬虫游鱼等动物，他们多为喜欢阴暗、潮湿，是善于隐藏的“水物”“水兽”，其天象也是和阴雨有关，这就导致了龙在其形成的初期，基本上是属“阴”的。凤的取材对象主要是鸡、燕、乌、孔雀等鸟禽，而鸟禽绝大多数都是喜欢温暖、喜欢阳光的，有“阳鸟”“阳禽”“火精”之说。由此，龙主要是以“阴物”的形象出现，凤主要是以“阳物”的面貌出现。

但是秦汉以来，龙的身上开始具有君主帝王的神性。龙遂被帝王们看中，拿来做了自己比附、象征的对象。随着帝王们用龙、比龙、称龙，作为对应，帝后妃嫔们就开始用凤、比凤、称凤了。其标志是秦始皇让嫔妃们戴凤钗、穿凤头鞋。

于是凤凰便有了一个大的转变：由阳转阴，整体上趋于雌性化。凤凰的这个转化过程，历时大约一千多年。

到了近当代，龙和凤作为帝王、帝后的象征物的年代已成为历史，人们更多的是将其视为“吉祥物”或“吉祥符号”。由此而产生了一系列新的民俗事项，如在孔圣人的家乡，随着尼山朱砂石的发现和开掘，兴起了刻送龙封印的习俗：小孩出生，是男娃就选龙，寓意“望子成龙”，是女孩就选“凤”，寓意“望女成凤”。

或小伙子选凤章送姑娘，姑娘选龙章送小伙子，寓意龙凤良缘，幸福绵长。至于哪对夫妻喜得有男有女的双胞胎，人们就以“龙凤胎”相称。

（三）龙凤文化的作用

龙文化，凤文化，即龙凤文化实际上是相通的。它们从两个不同的方面展现中华文化的精神，龙代表中华民族刚毅、进取、万难不屈的一面，凤则代表中华民族仁慈、宽厚、智慧灵魂的一面。龙凤文化作为中国传统文化的两翼，具有以下重要作用：

1. 凝聚作用

中华民族是一个崇龙、爱龙，崇凤、爱凤的民族。龙凤文化源远流长、内涵丰富。这个共同的信仰很容易使人产生民族认同感，例如：歌曲《龙的传人》唱到：“古老的东方有一群人，他们全都是龙的传人。”这个“他们”就把全国各族人民都包括在内了，从而增强了民族凝聚力，将全国各族人民紧密团结在一起，为祖国的繁荣昌盛而努力奋斗。龙崇拜和凤崇拜都是灵物崇拜，龙是祥瑞的象征，凤是幸福、安宁、吉祥的象征，是真善美的化身。人们都崇拜它们，都想达到幸福吉祥的目的，这种普遍的、共同的信仰便将全国各族人民凝聚在一起。

2. 鼓舞作用

人们把龙当做百虫之长，把凤视为百鸟之王，并赋予了它们各种非凡的本领和神奇的力量。因此，人们总喜欢把有本事、有作为、有出息的人比作龙凤，或者自喻为龙凤。人们都希望自己有本事、有作为、有出息，也希望自己的子孙后代长大后有本事、有作为、有出息，这样，龙凤所具有的自强不息、奋发向上、锐意进取的精神鼓舞着人们不断努力开拓、积极进取。

3. 审美作用

不管一种崇拜物能够寄托人们多少愿望和要求，能否给人们带来美感总是人们创造这种崇拜物的重要依据。由于龙凤的形象是在艺术作品中表现出来的，所以，人们在加工改造的时候，不仅考虑了这些形貌特征的象征意义，而且考

虑了这些形貌特征的美学价值，使加工改造之后的龙形、凤形更加符合人们的审美要求。龙及凤的形象的塑造代表了民族审美活动的一个重要方面。例如：龙爪一般为三爪、四爪、后来为五爪，而且式样繁多，有着地爪、前伸爪、后蹬爪、凌云爪等。龙的尾巴也各式各样：鱼尾式、飘带式、条形式、莲花式、马尾式及扇形式等等，还对龙的头部、眼睛、鼻子、耳朵和须髯等进行了改造。总之，龙的形貌越复杂越符合人们的审美需要。而凤“五彩而文”“非竹实不食”，是美丽高洁的象征，又是民族审美意识重要范畴之一“和”的象征。因为它的出现意味着社会安宁、政通人和，人民安居乐业。若干有关凤的语汇皆具有“和”的美学意义。例如，“百鸟朝凤”象征着上下左右的和谐一致；“龙凤呈祥”则是两种对立力量之间的和衷共济，是由对立到统一的发展。

在中国传统文化中，龙体现了阳刚之美，而凤则主要体现了阴柔之美。这种刚柔相济的审美形象，一经出现就得到人们的喜爱，成为美好事物的象征，成为历代文艺创作如诗歌、绘画、雕塑等的重要题材。历代以龙凤为题材的艺术作品和文学创作对于提高人们的审美能力和审美情趣，对于培养和锻炼人们的想象能力和创造能力，都具有重要作用。

4. 权威作用

众所周知，人们把龙凤当做专制皇权的象征，龙凤崇拜由灵物崇拜变成神权崇拜，龙凤在古代社会中起着某种权威作用。人们认为龙凤是神圣不可侵犯的，专制统治者便利用人们的这一心理，自称“真龙天子”、凤的化身，借以提高自己的威信，他们禁止民间使用龙凤的图案和艺术品，愚弄和欺骗人民群众，从而达到巩固统治的目的。

除此之外，龙凤文化还有调节作用。民间的龙舟竞赛、耍龙灯和热闹欢腾的凤舞等节目能够使人们尽情宣泄和释放生活带来的紧张和压抑，并给单调乏味的生活带来许多鲜活的内容和趣味，调解人们的精神状态。

我们知道龙有种种神性，这些神性如果要用一个字来概括的话，就是“力”，力量的“力”，力度的“力”。凤凰也有种种神性，这种神性用一个字来概括的话，

那就是“美”，美好的“美”，美丽的“美”，新美的“美”。于是，我们不妨说：龙是力量的象征，凤是美好的象征。龙和凤的对应，是力与美的对应；龙和凤的互补，是力与美的互补；龙和凤的和谐，是力与美的和谐。而且，世上只要有男女，就会有力与美的对应，互补与和谐，就会有矫健的龙，美丽的凤。龙凤文化相对、互补、相渗、互含、合一，深化出中华文化的大千世界。可以说，在龙凤身上，寄寓了中华民族自帝王将相到平民百姓全部的人生理想。龙与凤像两面鲜亮的旗帜，高扬在中华民族漫长的艰难奋进的历史征途上。

生肖文化

生指出生年，肖是肖似。生肖又称属相，相是面相，属相即面相何属。所肖或所属则是十二种动物，它们依次为：鼠、牛、虎、兔、龙、蛇、马、羊、猴、鸡、狗、猪；配上十二地支，便可成为子鼠、丑牛、寅虎、卯兔、辰龙、巳蛇、午马、未羊、申猴、酉鸡、戌狗、亥猪。大量的文献资料证明，生肖的确起源于中国，是华夏先民动物崇拜、图腾崇拜以及早期天文学的结晶。

一、十二生肖

（一）什么是生肖

什么是生肖？生指出生年，肖是肖似。生肖又称属相，相是面相，属相即面相何属。所肖或所属则是十二种动物，它们依次为：鼠、牛、虎、兔、龙、蛇、马、羊、猴、鸡、狗、猪；配上十二地支，便可成为子鼠、丑牛、寅虎、卯兔、辰龙、巳蛇、午马、未羊、申猴、酉鸡、戌狗、亥猪。此即所谓生肖或属相。每个人都可以按自己的出生年份找到自己的生肖或属相。

十二生肖不仅汉族有，少数民族也有。甚至有人认为汉族的生肖纪年源于北方少数民族。事实上，生肖绝非汉民族专有，直到今天，各兄弟民族都流传着自己的生肖，如蒙古族是虎、兔、龙、蛇、马、羊、猴、鸡、狗、猪、鼠、牛；傣族是鼠、牛、虎、兔、龙、蛇、马、羊、猴、鸡、狗、象；黎族是鸡、狗、猪、鼠、牛、虎、兔、龙、蛇、马、羊、猴……与汉族的十二生肖大同小异。这里面很难说究竟谁先谁后，很可能是各民族文化的交流与融合孕育了十二生肖。

生肖不仅中国有，外国也有，如缅甸有八大生肖，从星期一到星期日，不同日子出生的人分属虎、狮子、双牙象和无牙象、老鼠、天竺鼠、龙、妙翅鸟。法国也有十二生肖，不过它们是天上的十二个星座，从一月到十二月，分别为摩羯、宝瓶、双鱼、白羊、金牛、双子、巨蟹、狮子、室女、天秤、天蝎、人马。其中除宝瓶和天秤外，都以动物命名。埃及和希腊有十二兽历，它们是牡牛、山羊、狮、驴、蟹、蛇、犬、猫、鳄、红鹤、猿、鹰。印度的十二生肖，与中国十分相似。据印度神话《阿婆缚纱》记，十二生肖原为十二个神的驾兽，招杜罗神的驾兽为鼠，毗羯罗神的为牛，宫毗罗神的为狮，伐折罗神的为兔，迷立罗神的为龙，安底罗神的为蛇，安弥罗神的为马，珊底罗神的为羊，因达

罗神的为猴，波夷罗神的为金翅鸟，摩虎罗神的为狗，真达罗神的为猪。除狮子和金翅鸟外，诸种动物及其排列顺序与中国十二生肖相同，无怪乎佛教典籍要将中国生肖之源溯于佛祖了。所以，生肖这种文化现象并非哪个民族独有，而是人类文明进程中具有普遍性的产物，是人类对时间及其与自身关系所作的诗意而又充满神秘色彩的梳理。

正因如此，生肖成为许多国家及民族文化的重要组成部分。在中国，生肖的存在更有着不容忽视的意义。围绕着十二生肖，人们编织出许许多多动人的故事，生发出形形色色的习俗，并从中窥探自身的奥秘与命运。为此，生肖在各个民族、各个时代都受到了普遍的喜爱与重视。

（二）生肖为何取数十二

生肖之所以取数十二，是源于中国古代的干支纪年法。近些年，考古学者在湖北神农架地区发现了汉族创世史诗《黑暗传》。其中有一个故事是讲述干支来历的："开天辟地之初，玄黄骑着混沌兽遨游，遇到女娲。女娲身边有两个肉包，大肉包里有十个男子，小肉包里有十二个女子。玄黄说：'这是天干地支神，来治理乾坤的。'于是，为他们分别取名，配夫妻，成阴阳。男的统称天干，女的则为地支。"这一创世神话故事，讲干支，讲玄黄神、女娲神，讲乾坤阴阳，将干支的"身世"推溯得十分久远。此后，古人开始以天干地支纪年：天干即甲乙丙丁戊己庚辛壬癸，地支即子丑寅卯辰巳午未申酉戌亥。十天干与十二地支相配，成为一个甲子，一个甲子为六十年。其间又以十二年为一周期，用地支来表示，附以动物，即成为鼠年、牛年、虎年、兔年、龙年、蛇年、马年、羊年、猴年、鸡年、狗年、猪年，从而有了十二生肖。

其实，十二生肖的产生，是有着深刻的天文学背景的。在原始时代，先民们体验着寒暑交替的循环往复。宋代洪皓《松漠纪闻》载："女真旧绝小，正朔所不及，其民皆不知纪年，

问则曰‘我见青草几度矣’，盖以草一青为一岁也。”宋代孟珙《蒙鞑备录》也记载：“其俗每草青为一岁，有人问其岁，则曰几草矣。”当年又有观察天象的人发现月亮的盈亏周期可以用来测量年岁的长短，而且是十二次月圆为一岁，这一重大发现，是华夏民族早期在天文历法上最精确的成果之一，于是“十二”就被看作传达天意的“天之大数”。但是天干需要地支为伴，这样日月相对，天地相对，就非“十二”莫属了。

（三）十二生肖为何如此排列？

关于十二生肖的排列顺序，有各种传说。

一种传说是：

轩辕黄帝要选十二个动物担任宫廷侍卫，猫托老鼠报名，老鼠给忘了，结果猫没被选上，从此跟老鼠结为冤家。大象也来报名，被老鼠钻进鼻子给赶跑了。剩下的动物，原本推牛居首位，老鼠却蹿到了牛背上，猪跟着起哄，这样老鼠排第一，猪排在最后。虎和龙不服，被封为山中之王和海中之王，排在鼠和牛的后面。兔子又不服，和龙赛跑，结果排在了龙的前面。狗又不平，一气之下咬了兔子，为此被罚在了倒数第二。蛇、马、羊、猴、鸡也经过一番较量，一一排定了位置，最后形成了鼠、牛、虎、兔、龙、蛇、马、羊、猴、鸡、狗、猪的顺序。

另一种传说是：

鼠：传说天地成于子时，因其初成，没有缝隙，里面的气体跑不出来，物质无法利用。老鼠是损耗器物的小兽，深夜是它最活跃的时刻。初成的天地被它一咬，密封着的气体就漏了出来，物质就可以利用了。因为老鼠有这种打开天地的神通，子时就属鼠了。

牛：老鼠打开了天地，那么，谁来开辟无垠的大地呢？据说牛是最早耕耘

大地的家畜，循序推理，丑时就属牛了。

虎：传说“人生于寅”，有生就有杀。杀人者，老虎也。“寅”字还可以解作敬畏，敬畏就是害怕。人又害怕老虎，所以寅时就属虎了。

兔：早晨五六点钟，太阳快要离开黑夜而进入黎明，但毕竟还是在“太阴”(即月球) 控制的时间里。而月球中唯一的动物，传说就是“玉兔”，因此卯时也就属兔了。

龙：“三日之卦”说，早上七八点钟，正是群龙行雨的时候，这对庄稼来说是及时雨，所以辰时就属龙了。

蛇：“四月之卦”说，春草至此深而茂，蛇利用春草来掩护其身体，而且据说在此时蛇不会在人走的路上出现，这样就更不会伤人了，所以巳时就属蛇了。

马：午时，阳气到了极限，而阴气刚欲产生。马能行千里，但跑时脚不完全离地，所以是属“阳”类动物，于是午时就属马了。

羊：传说未时的青草被羊吃了以后，草根的再生能力会愈来愈强，所以未时就属羊了。

猴：申时，夜幕即将来临，猿猴要叫了。又“申”，即“伸”字，猴子最喜欢伸臂跳跃，伸臂次数多了，就有“乱”和“横行”的意思在内，特征这样清楚，申时就属猴了。

鸡：酉时，正是月出之时。“月本坎体” (坎，卦名。坎上坎下，其象为水——月亮清澄如水)，而体内含有“太阳金鸡”的传说，所以酉时就属鸡了。

狗：戌时是“夜”的开始，狗是守夜的家兽，其功莫大，所以戌时就属狗了。

猪：晚上九十点钟，天地最混沌之时，虽其中蕴藏着能养育万物的机能，但这是以后的事，亥时毕竟是一段模模糊糊、含含混混的时刻，所以亥时就属猪了。

第三种传说是按中国人信阴阳的观念，将十二种动物分为阴阳两类，动物的阴与阳是按动物足趾的奇偶参差排定的。动物的前后左右足趾数一般是相同的，而鼠独是前足四，后足五，奇偶同体，物以稀为贵，当然排在第一；其后是牛，四趾 (偶)；虎，五趾 (奇)；兔，四趾 (偶)；龙，五趾 (奇)；蛇，

无趾（同偶）；马，一趾（奇）；羊，四趾（偶）；猴，五趾（奇）；鸡，四趾（偶）；狗，五趾（奇）；猪，四趾（偶）。持这种说法的是宋人洪巽，明代学者郎瑛在此基础上进行了归类，在其所著的《七修类稿·十二生肖》中提出“地支在下”，因此别阴阳当看足趾数目。鼠前是四爪，偶数为阴，后足五爪，奇数为阳。子时的前半部分为昨夜之阴，后半部分为今日之阳，正好用鼠来象征子。牛、羊、猪蹄分，鸡四爪，再加上兔缺唇且四爪，蛇舌分，六者均应合偶数，属阴，占了六项地支。虎、龙五爪，猴、狗也五爪，马蹄圆而不分，五者均为奇数，属阳，连同属阳的鼠，占了另外六项地支。郎瑛的归类法，是借洪巽的分类法，二者大同小异。

以上三种传说分别从不同角度来解释生肖的排列。民间有关生肖动物排列的传说故事非常丰富，这些传说故事的流传一方面丰富了生肖的内容，另一方面又促进了生肖文化的传承与发展。将十二种生肖动物分为阴阳两类，将其纳入中国人五行信仰的观念之中，目的是将属相与人生仪礼相关联，将阴阳、五行与生肖对应起来，从而解释其他有关的文化现象。

二、生肖与民俗

生肖与民俗的关系是十分密切的，更确切地说，生肖是民俗的一个重要组成部分，而生肖的文化意义也就表现在民间流传的各种各样的风俗习惯之中。以下就是各地和各个历史时期民俗中的生肖文化。

（一）鼠

江浙一带，正月二十五这一天被看作“打老鼠眼”的日子。到了这天，每家每户都会在自家房间里撒上许多黑豆打老鼠眼，据说这样做就可以消除老鼠的隐患。

青海一些地区有“蒸瞎老鼠”的风俗。每年农历正月十四，每家每户都要用面捏成十二只瞎老鼠，然后上蒸屉蒸熟，等到元宵节的时候供奉在桌子上，此外还要点灯烧香，祈求老鼠只吃草根，不要伤害庄稼，这样才能保证当年粮食丰收。

湖北江汉平原一带将小初夜看作老鼠嫁女的日子。到了那一天，人们都会把做好的面饼放在暗处，在上面插上花，禁止舂米、磨面，并且还禁止小孩喧闹叫喊，因为如果这一天把老鼠惊动了，老鼠就会一年到头不停地捣乱。

旧时上海一带有躲“老鼠落空”的习俗。老鼠外出寻找食物的时候，不小心失足落地，被称为“老鼠落空”。据说见到这一景象的人会不吉利，非病即灾，必须马上沿街乞讨白米，回家用它来煮饭，吃完这顿饭就可以除去晦气。

东北地区的朝鲜族有“熏鼠火”的习俗。每年的农历正月初一，孩子们会在田野里撒上稻草，然后将稻草点燃，据说可以根据火势的大小预测当年收成的好坏。

历史上曾经有过老鼠嫁女的节日，一般在正月二十五晚上。当天晚上每家每户都要熄灯，全家人静静地坐在堂屋炕头上，摸黑吃用面做的“老鼠爪爪”

“蝎子尾巴”和炒大豆，大家都不许发出声响，以便给老鼠嫁女提供方便，否则就会得罪老鼠家族，给一年带来隐患。江南一带在老鼠嫁女的前夕，家家户户炒芝麻糖或爆米花。夜晚，孩子们将糖果、糕饼、米花等置于老鼠出入的暗处，然后大敲锅盖、铁簸箕之类，为老鼠“催妆”。

（二）牛

相传农历正月初五是牛的生日，俗称牛日。这一天，人们根据天气的阴晴预卜当年养牛之兴衰：晴主育，阴主灾。并且当日对牛不施鞭刑，禁止屠宰，有些地方还用大米饭喂牛，在牛王庙焚香、唱大戏，在给牛贺岁的同时人们也可以娱乐一番。

我国少数民族有慰问耕牛的习俗，被称为“献牛王”。贵州的荔波、安龙、罗甸、册享等地的布依族，在农历四月初八为牛贺岁。在那天，人们会让牛休息一天，用糯米饭喂牛，敬献牛王。仡佬族的牛王节也称“牛神节”“祭牛王节”“敬牛王菩萨节”，流行于贵州遵义、仁怀、镇宁一带，每年农历十月一日举行。那一天，人们不再让耕牛做苦力，并用上好的糯米做两个糍粑，挂到牛角上，然后把牛牵到水边照镜子，用这种方式为牛祝寿。

浙江一带流行以犍牛犊为陪嫁品的婚俗。送亲之前，挑选一头犍牛犊，披红挂彩，等新娘一上轿，新郎就牵着牛在最前面踏路开道，以求驱灾避邪，平安吉祥。

汉民族寿诞风俗中有赶牛王会，流行于陕西留坝县等地。“牛王会”是为老人做寿的称谓，因牛在十二属相中位居前列，而且耕田犁地，有功于人，故以牛为名给老人做寿，表示尊敬。贺寿者在老人生日的前一天下午，携带礼品到老人家中祝贺。老人则用丰盛的饭菜招待来宾并逐个劝酒，从晚间开始进行各种娱乐活动，直至第二天才结束。

汉民族交际风俗中有“结牛财亲”一说，流行于湖南一带。在当地，一头牛几户共用的称为结牛财亲，并视作亲戚，牛的所有权一旦易人，“亲戚”关

系也将终止。

贵州榕江、东江一带的侗族的民间习俗中有“洗牛节”，一般在夏历六月初六举行。这个时候春耕已经结束，人们把牛牵到河边洗澡，并在牛栏旁插几根鸡毛和鸭毛，表示为牛洗尘，祈祷耕牛平安健壮。

旧时佤族占卜方式中有牛肝卦，流行于云南佤县一带。即看牛肝的外观来卜吉凶，若牛肝大块与小块之间不粘连，为吉卦，粘连者为凶卦，一般在举行重大祭祀活动时使用，以小黄牛肝为最好。

汉民族有“牛灯”的演唱形式，流行于四川省。因其舞具为牛形，演唱时用“灯调”而得名，一般在春节时表演。

苗、侗、黎等少数民族有斗牛的传统体育活动，流行于广西、贵州、海南等地，通常在节日举行，方式是两头牛相斗，而不是像西方那样人与牛相斗。

（三）虎

旧时仡佬族有虎日节，流行于广西隆林一带，每年夏历八月十五前第一个虎日举行。届时，以寨为单位合伙杀一头公牛，取出牛头、牛心，加以分割，每家一份，供各家八月十五晚祭祖之用，其余的牛肉举行会餐，余下的再分回家。

中国古代道教中有白虎神，它是道教的守护神，原为古代星宿名，二十八星宿中的西方七宿，因其呈虎形位于西方，按五行配五色，故以此得名。它也是四方神之一，有“前朱雀，后玄武，左青龙，右白虎”的说法。

陕西地区流行“挂老虎馍”的婚姻风俗。迎亲前，男方的舅家蒸一对老虎馍，公老虎馍的头上有一个王字，表示男子要当家为王，母老虎馍的额中有一对飞鸟，表示妻随夫飞。每个老虎脖子前还有一只小老虎，意为祝新人早生贵子。迎亲时，把一对老虎馍用红头绳拴在一起，新娘一到，便将老虎馍挂在她的脖子上，进门后取下由新郎、新娘分食，表示两人百年好合。

上海崇明岛一带流行新娘着虎头鞋的婚俗。女子出嫁时，一定要穿一双虎头鞋，表示凭借虎的威势，过门后要制伏丈夫。

虎与汉民族许多育儿风俗有关，如穿虎头鞋，就是一种祈求小孩健康的习俗。虎头鞋用

黄布精心制作而成，鞋头上绣一虎头，中间绣一王字。通常是小孩过生日或周岁时，父母为其穿上虎头鞋，可以壮胆避邪，长命百岁。

陕西省等地流行送布老虎的育儿风俗。小孩子做满月时，舅家要送去一只黄布做的老虎，进大门时，则将老虎尾巴折断一节，丢在门外。送布老虎是祝愿小孩长大后像老虎那样彪悍有力；折断尾巴，则是希望小孩在成长过程中免灾免难。

汉族民间有在端午节佩茧虎的风俗。取黄色新茧，彩绘成老虎形象；或用色纸、艾叶剪贴成虎形。据说在端午节佩戴可以祛邪消灾。

各民族风俗中有不少关于虎的禁忌。如忌虎年，因为虎是凶猛的动物，会给人带来灾害，因此有“虎年不顺”的说法。又如忌虎日，民俗认为属蛇、虎、猪的人忌虎日。

（四）兔

古代汉族有“挂兔头”的习俗，流行于全国许多地区。每年农历正月初一，人们用面兔头或面蛇，以竹筒盛雪水，与年幡面具同挂门额上，用来镇邪禳灾。

汉民族有赠兔画的育儿风俗。画中有六个孩子围着一张桌子，桌上站一个人手持兔子的吉祥图，祝受赠的孩子将来生活幸福快乐，步步高升。

山东一些地区渔民有“兔塞怀”的习俗。每年谷雨清明，妻子等丈夫一进屋，就出其不意地把一只白兔塞到丈夫怀里，这样就表示丈夫怀揣了吉祥、幸福，以保佑出海平安，捕鱼丰收。

古代汉族有生育忌兔的习俗，因为兔子是三瓣嘴，所以孕妇妊娠时禁止食用兔肉，否则可能会生下一个豁嘴儿。

还有一些兔子属相日的禁忌，如属兔者忌马日、鸡日，属鸡者、虎者忌兔日，等等。

（五）龙

民间有“龙挂”的说法。每当雷起云涌时，便窥云中龙的动作，如见云中有龙尾下垂，蜿蜒而伸，指向雨的一方，就会下雨。北方人喜欢见龙挂，因此，就展开了许多民俗活动，如龙祠、祈雨等等。

汉族以农历二月二日为龙日，流行于南北各地，俗称“龙抬头”。乡民们将煤灰从大门外一直撒到厨房，旋绕水缸，呼为“引龙回”。当日早晨，妇女用棍敲锅沿，谓震虫；并以草节、彩纸、细秫秸穿成串悬于房梁。当日食饼谓龙鳞饼，食菜团谓龙蛋，食面谓龙须面。当日人们不可做针线，以防伤龙目。

云南地区汉族民间婚姻中有赠龙凤饼的风俗。男方收到女方的嫁妆后，赠女方以龙凤饼。饼用面粉做成，上塑龙凤各一，有龙凤呈祥之意。送饼的数量以嫁妆多少而定，如女方嫁妆有两套被褥，男方则回赠一对龙凤饼。

与龙有关的节庆活动还有赛龙舟、闹龙灯。相传屈原在五月初五投江后，人们争相前去捞救，从此传下端午节赛龙舟的习俗，延续至今。闹龙灯约起源于汉朝，人们把龙视为降害驱灾、吉祥太平的象征，因此多在喜庆的日子舞龙，以祈求神龙保佑。

汉族及一些少数民族有忌龙年的习俗，怕龙发威，给人间带来伤害。有些地方忌水桶碰着井沿，怕碰伤龙头；忌推磨，怕压了龙头；忌喝糊糊饭、疙瘩汤，怕糊住龙眼等。此外还有龙日禁忌，属龙者祭鼠日、牛日、鸡日；属牛、属鸡、属猴者忌龙日。

我国各地都流行舞龙，又叫龙灯舞、龙舞。舞龙起始于祭神、娱神，后逐步发展为文艺活动。相传龙能呼风唤雨，在汉代就有舞龙祈雨之俗。祈雨时，春舞青龙，秋舞白龙，冬舞黑龙。舞者为儿童，先要吃斋三天，然后穿青衣舞龙。起舞时，锣鼓伴奏，爆竹齐鸣，场面十分热闹。每舞一场均有名号，如“二龙戏珠”“二龙出水”“百龙出洞”“穿越龙桥”“黄龙过江”“打草惊蛇”“金龙倒海”“引龙翻江”“海底捞月”等等。

古代帝王服饰，因绣有龙纹，故称龙

袍。在清代一般绣九条金龙，但从正面背面看都是五条金龙，合“九五之尊”的帝王称号。袍的下端，排列着许多弯曲线条，名“水脚”。水脚上绣水浪，称“海水汇涯”，表示一统江山及连绵不断等意思。

（六）蛇

今天的河南开封在宋代时有钉面蛇的风俗。每年农历正月初一，人们就用面粉做成蛇形，在四更时，让三个不同姓氏的人把它与炒熟的黑豆和煮熟的鸡蛋一起埋在地下，并逐一用铁钉各钉三下。咒曰：“蛇行则病行，黑豆生则病行，鸡子生则病行。”人们认为这样能镇邪防病，故称钉面蛇。

汉族民间凶兆有“蛇脱皮”一说，流行于贵州等地。据说，看见蛇脱皮是一种凶兆，民谚云：“见到蛇脱皮，不死脱层皮。”尤其是在春季更为大忌。

农历三月五日为惊蛰节，民谚云：“惊蛰有雷鸣，虫蛇多成群。”贵州一带民俗惊蛰日忌雷鸣声，否则当年虫蛇成灾。

闽南一带气候温和湿润，适宜各类蛇繁衍生息。人们认为蛇在野外经常作害，见蛇不打是罪过，但是若在家中发现蛇，年老的人不让打死，只是将其赶出。他们说蛇是来巡视平安的，进了家门就预示着来年平安。要是在路上遇到几条蛇绞在一起，要赶快揪掉身上的一颗纽扣，然后走开，当做没有看见，因为这是蛇交配，观者为运气不好。

民间有蛇日禁忌，属虎、属猪者忌蛇日；属蛇者忌虎日、猴日。

汉族民间食品有“蛇婆婆”，亦叫“蛇盘盘”，是山西、陕西一带面食的一种。用发酵的白面盘成蛇状，头部用两粒高粱当眼睛，嘴里含一枚铜钱。钱为财，蛇为绳，取发财致富之意。

（七）马

汉族岁时风俗中有马日，流行于湖北、湖南、河北、浙江等地。在农历正月初六这一天，人们看天气阴晴占当年养马之兴衰，晴主育，届时人们精心喂

马，不打骂，不杀戮，以求养马业兴旺发达。

蒙古族传统节日中有马奶节和赛马节，每年农历八月末举行。当日清晨，牧民们穿上节日服装，骑马赶到指定地点，杀羊宰牛，备奶食，炸果子，燃起牛粪火，煮手扒肉。太阳升起时，开始赛马。参赛的马匹全是 2 岁小马，象征着繁荣兴旺。赛马毕，人们分别入席饮宴，在马头琴的伴奏下，纵情歌唱，一直到夜色降临，人们才载着余兴纷纷散去。

各民族习俗都有一些关于马的忌日。佤族在九天循环计日的习俗内，第二天、第五天、第六天、第八天忌盖马圈，第八天忌之最盛。九天循环往复，禁忌也按此规律执行。

华夏自古有祭马的民间风俗，流行于全国各地。春祭马祖，夏祭先牧，秋祭马社，冬祭马步。马祖为天驷，是马在天上的星宿；先牧是开始教人牧马的神灵；马社是马厩中的土地神；而马步为马灾害的神灵。

汉族旧时有冻金马驹的风俗，流行于甘肃。每年农历十二月初八清晨，各家都争先起床，去井上或河里担水，从担回的水里舀出一碗水放在院中，使其凝结成冰，等太阳出来后，将冰和一碗腊八饭一并埋入自家地里，以求来年丰收。

彝族属羊、兔、鸡者忌马日，属马者忌羊日、鸡日。佤族过春节时要喂马糯米饭，并观察马在厩中的姿态以占吉凶。马站立和头朝东方代表幸运年，是吉祥的兆头；马卧睡和眼向西边代表灾难，是不吉利的兆头。

旧时汉族有骑马游乡的风俗，童生举秀才，秀才选为贡生，要举行冠戴仪式。冠戴者由主祭官、祭官、赞礼陪同至祠堂谒祖后，骑马游乡。人马都要披红搭绫，鼓乐鸣奏，每至寺庙，入而降香。游行十余里，有的长达几十里，亲朋好友摆香案迎接，向冠戴先生敬酒祝贺。

（八）羊

湖北、浙江、河北等地的节庆日中有羊日，相传此日为羊的生日。当日，人们看天气阴晴占当年养羊业是

否兴旺。晴主育，阴主灾。人们祈求上天庇佑羊类的兴旺。

蒙古、哈萨克、塔吉克等民族流行“叼羊”的马上游戏。骑手分为几队，聚集在草原上，把一只羊放在几百米外，一声令下，骑手们便冲上前争夺。也有由一青年骑手持羊从马队中冲出去，后边的人紧紧跟随，其中有人配合争夺那只羊，也有人保护持羊者，以叼羊到终点者为胜。取得胜利的人，把羊烤熟，与大家共同分享。

旧时汉族民间有“送羊”的岁时风俗，流行于河北南部。每年夏历六月或七月间，外祖父、舅舅给小外甥送羊，早先是送活羊，后来则送面蒸的面羊，以此表示外祖父、舅舅对小外甥的亲近。传说此俗与沉香劈山救母有关。沉香劈山救母后，要砍杀虐待其母的舅舅杨二郎，杨二郎为重修兄妹之好，每年给沉香一对活羊（羊与杨谐音），从而留下了送羊之俗。

新疆哈萨克族流行“羊头敬客”的风俗。吃饭时，先端上熟羊头，羊的嘴脸朝向客人的位置，主人请客人用刀割羊腮上的肉献给在座的长者，割一块羊耳给在座的幼者，再随意割一块给自己，然后将羊头盘捧还给主人。

全羊是蒙古、哈萨克、柯尔克孜、塔吉克等民族的传统佳肴。上席时，将大块羊肉放入托盘，摆成整羊形状，以羊头献客。

北方各地著名的冬季佳肴有涮羊肉。它历史悠久，涮羊肉选用阉绵羊，用其“小山叉”部位的肉，冷冻后，用刀切成薄片，在火锅中涮食。传说涮羊肉和忽必烈有关，他率军南征，激战后人困马乏，便下令做“清炖羊肉”。此时，正好敌军追来，厨子来不及清炖，便将羊肉切成片，放入开水中搅几下即捞入碗中，撒上调料。忽必烈吃后很是高兴，便赐名为“涮羊肉”。

现在全国各地街头流行吃烤羊肉串，原本是新疆的风味小吃，后传入内地。

民间传统娱乐中，“跳山羊”的活动为广大少年儿童所喜爱。即由一个人两腿伸直，上体向前弯曲成九十度，低头，双手按地或抓住脚颈，如同山羊的样子，另一人或数人手按其背跃过。数人进行时需连续跳几次，跳不过去的，则去代替原来的“山羊”。

（九）猴

台湾高山族传统习俗中有猴祭，是高山族卑南人十二三岁少年入会时禳灾纳吉的传统祭仪，一般在十一月间早稻收成后举行，为期十天，其中第三天杀猴，旨在培养少年的胆量，是祭祀的主要仪式，因此称猴祭。祭前，清扫道路及杀猴圣地。黄昏，身缠芭蕉叶，面涂锅灰，持棒挨家挨户搅扰，表示驱除邪魔。第三天清晨，捉一山猴囚于木笼，祭司率少年围绕木笼，以竹竿刺死山猴，抛掷猴尸，以示弃旧图新，然后为猴举行安葬仪式，齐唱猴祭歌。猴祭歌内容包括“祭猴”与“葬猴”两部分，前部分在杀猴仪式上吟唱，后部分在葬猴仪式上吟唱，歌词围绕祭奠猴之亡灵，反复阐述禳灾驱邪的主题。猴祭毕，少年们在人们的监督下轮番登会竹台挽手歌舞，直至祭祀结束，获准入会受训。

汉民族传统认为猴是吉祥动物。由于猴与侯谐音，在许多图画里，猴的形象表示封侯的意思。如一只猴子骑在马上，取“马上封侯”之意；又如一只猴子爬到枫树上挂印，取“封侯挂印”之意；再如两只猴子坐在一棵松树上，或一只猴子骑在另一只的背上，取“辈辈封侯”之意。

民间流传“饥猴年，饿狗年，要吃饱饭是猪年”，认为猴年收成不好，是灾年。所以忌猴年。

（十）鸡

旧称夏历正月初一为鸡日，流行于湖北、湖南、浙江等地。当日，人们看天气阴晴占当年养鸡业是否兴旺，晴主育，阴主灾。此日戒杀鸡，喂鸡也较平时精心以求其繁衍兴旺。

汉族民间有立春日佩戴“迎春公鸡”的习俗，流行于山西北部以及山东一些地区。迎春公鸡又称春鸡，是立春前年轻妇女们用碎布缝制的配饰物，挂在孩子身上。春鸡用紫底花布裹棉花，形同菱角，春鸡钉在孩子的左衣袖上，有新春吉祥之意。一般在正月十六到庙会上将布鸡扔掉。

汉族民间时兴在端午节佩鸡心袋，流行于浙江金华

地区。五月初五，人们用红布做成小袋子，内装茶叶、米和雄黄粉，形似鸡心，挂在小孩子胸前，以驱邪祈福。“鸡心”与“记性”谐音，民间认为小孩挂了鸡心袋，就会记性好，将来有出息。

古代汉族有“杀鸡”的岁时风俗，流行于浙江金华等地。每年七月初七，牛郎、织女鹊桥相会，所以当地民间杀雄鸡，因为无雄鸡报晓，就能永不分开。

河南一些地区在夏历十月一日要杀鸡吓鬼。传说阎王爷放鬼，至来年清明节收鬼。民间认为鬼怕鸡血，鸡血避邪，故于十月一日杀鸡吓鬼，以为可使小鬼不敢入阳宅，俗语称：“十月一日，杀小鸡儿。”

山东一些地区有“抱鸡”的婚俗。娶亲时，女方请一个小男孩抱只母鸡，随花轿出发，前往迎亲。图的是吉祥如意，因为鸡与“吉”谐音。

浙江一带流行“宰鸡”的婚姻风俗。新郎前去女家迎娶，女家在地上铺一块白布，让新郎在上面宰鸡，但不准将鸡血溅在布上，否则罚酒，滴几滴血就罚几杯酒。杀鸡时，女家故意撞新郎，有经验的新郎则可应付自如。

旧时汉族和一些少数民族流行饮鸡血酒的风俗。在结拜兄弟时，用刀斩杀一只雄鸡，然后在每碗酒里滴几滴鸡血，对天发誓，然后各饮血酒，即为“歃血为盟”。

斗鸡是我国民间传统的娱乐活动，各地因风俗不同，举行的时间和形式各异。如河南开封每年农历正月二十二举行，会场大约半亩地，围以四尺高的土墙，参加斗鸡者各抱一只斗鸡，各占一坑，每坑输赢钱数不同，举办者抽份百分之二十。又如广西罗城的人们在秋后或春节期间举行斗鸡。斗鸡场设在空地，人们用两只水桶，一只倒水，一只接水，借以计时。斗鸡的顺序按鸡的斤两从小到大排列。比赛开始，两鸡相斗，一只先退，如果另一只不追逐，则为违例，停止两次则取消比赛资格。如两鸡相斗，一只先退，另一只继续追斗，直到两桶水流完，仍不还击者，为“败笼”。把败笼拿下，留下胜者继续相斗，每斗完一局计一次水，最后得水最多者为胜。

（十一）狗

汉民族岁时风俗中有犬日，在农历正月初二。这一天，人们看天气阴晴占

当年养狗是否兴旺，晴主育，阴主灾，届时人们对狗的喂养也较平时精心，以求犬类繁衍和发展。

布依族过年有祭狗的活动。旧时，每年“吃新节”晚上设宴祭祖后，紧接着祭狗，然后家人方可入席就餐。祭狗时家中年长者将“新粮饭”放入狗食盆，边看狗舔食边念祭词，其意是感恩狗在天王处给人类带来粮种。此俗源于“寻谷种”神话。传说人类无谷种，选出寻谷者带狗出门寻种，至天王院前求索，天王不允，狗在晒谷场打滚，稻粒附于毛中，躲过天王卫士的检查，给人类带来谷种。

壮族传统节日有“狗肉节”，每年夏历五月初五或二月二十二日举行。相传狗有扬正驱邪之灵，是日为其显灵之日。而吃狗肉能益寿延年，所以狗肉节时每家都会屠狗。

浙江杭州传统食品有“清明狗”。形似小狗，用糯米制成。每年清明日，将其挂在庭中，到立夏日取下，用芥菜花煮熟，让小孩子食用，以求免灾病。

青海东部地区流行“狗占”的占卜方式，每年农历正月初一，人们在进食之前，先将盘中的各种食物端到狗面前让狗吃，狗吃什么食物，什么食物就会丰收，以此占卜新的一年哪种作物收成最好。

旧时浙江地区有“蹲狗窝”的育儿风俗。婴儿出生后，家人给他穿上旧衣，然后把他放在狗窝里躺一下。俗话说猫狗命贱，这样就可以使婴儿顺利成长。

甘肃农村民间传统饮食有“狗拉羊皮”，是一种用手擀成的面片，不用刀切，而用手拉。相传农历正月二十日为女娲补天的日子，这一天各家忌动刀，不然会把天割开一个口子，引来大风沙，给人们带来祸患，所以此日吃“狗拉羊皮”。

（十二）猪

我国部分地区岁时风俗中有“岁猪”或“年猪”，这是汉族民间年节食品和祭品。民间过年，多以猪肉为主，故腊月，乡间多宰猪，或自食，或与邻里分食，俗称“杀年猪”。旧时山东、山西等地还有杀猪还愿的风俗。

天津、河北等地有“肥猪拱门”的节日饰物，为春节时门屋所贴窗花的一种，用黑色蜡光纸剪成。猪背上驮一聚宝盆，多贴于屋门的窗玻璃上，左右对贴肥猪窗花各一张，以此表示招财进宝之意。

汉族民间有牵猪牛的节日风俗，流行于贵州西山区。每年夏历正月初一下午，由孩子用两根绳子在外各拴一块大、小石头，左右两手各拉一根绳，大石头代表牛，小石头代表猪，牵进牛棚、猪栏，口中不断喊：“我赶猪牵牛来了，赶猪牵牛来了！”认为这样可在新的一年六畜兴旺。

旧时汉民族民间有一种驱邪活动，叫“打母猪鬼”，流行于四川、重庆偏远山区。凡遇家事不顺利，人畜有疾病时，家中长者便设香案，以打母猪鬼来祭，向神灵许愿，以求驱邪。祭时，先择一黄道吉日，杀一母猪。将猪肢解分开，把头、蹄、肠、肝、肺等置于同一竹筐内，然后摆于堂中间，主持人燃香祝拜，祭毕将猪肉内脏煮熟后分吃掉。民间以为“打死一母猪鬼，驱除一个邪”。

汉族民间有“吃烧猪”的婚姻风俗，流行于广州等地。婚礼后，新娘返回父母家，必须以烧猪随行，其猪肉多少视夫家经济情况而定。若无，则妇女不贞。因烧猪皮色金红而被视为吉祥之兆，若三朝回门有烧猪，象征姑娘为黄花闺女。若回门礼没有烧猪，则说明姑娘不贞。故民间以“吃烧猪”来检验姑娘是否贞洁。

陕西一带有送猪蹄的婚姻风俗。结婚前一天，男方送给女方四斤猪肉，称“礼吊”，并送去猪蹄一对，女方将“礼吊”留下，猪蹄退回。婚后第二天，夫妻携带双份挂面及猪蹄一对回娘家，留下挂面，蹄退回。俗称“蹄蹄来，蹄蹄去”，表示今后永远往来。

三、生肖与文学

（一）属相儿歌

在日常生活中，人们常常说到“子鼠丑牛，寅虎卯兔……”，这是一首有关十二生肖的歌谣。《吴歌丙集》中就收录了一首这样的歌谣：

子老鼠，丑牛；
寅老虎，卯兔子；
辰龙，巳蛇，
午马，未羊。
申猢狲，酉鸡，
戌狗，亥猪。

天津作家程宏明也创作了一首儿歌：“生肖歌，好好好，十二生肖我知道。一只鼠，蹦蹦跳，两头黄牛哞哞叫；三只虎，下山冈，四只白兔快快跑；五条龙，齐飞腾，六条银蛇跳舞蹈；七匹马，把车拉，八只羊儿吃青草；九只猴，捧蜜桃，十只金鸡会报晓；十一只狗，看家门，十二只猪，齐献宝。生肖歌，好好好，大家拍手唱得妙。”一只鼠，两头牛，三只虎，四只兔……以这样的形式为十二生肖编号。儿童通过唱这首儿歌，可以记住十二属相的前后顺序，初步掌握生肖知识。

寓教于乐的儿歌，是人生的启蒙教材，是人们出生以后接触最早的文学形式。各地几乎都有关于十二生肖的儿歌，这就反映了生肖文化的普及性。它是生活常识，儿歌必然会涉及十二属相题材。

生肖儿歌又是丰富多彩的。我国台湾南部地区的一首儿歌唱道：

一鼠贼仔名，二牛驶犁兄，
三虎爬山崎，四兔游东京，
五龙皇帝命，六蛇受人惊，
七马跑兵营，八羊吃草岭，

九猴爬树头，十鸡啼三声，

十一狗吠客兄，十二猪菜刀命。

从子鼠到亥猪，人们都给编了序号。这样的儿歌便于儿童记住生肖顺序，同时，又对十二种动物作了形象的概括，鼠窃故称“贼仔名”，牛为耕畜便叫“驶犁兄”，都是符合常识的传唱。“五龙皇帝命”，告诉孩子十二生肖中辰龙排位第五，至于“皇帝命”则是将“皇帝为真龙天子”之说搬进儿童歌谣，诙谐幽默，给人以极大的乐趣。

这首儿歌，在台南也很流行，但是内容稍有不同：“一鼠二牛驶犁兄，三虎四兔隐龟仔行，五龙六蛇人人惊，七马走上山，八羊同吃草，九猴捏拳头，十鸡啼三声，十一狗吠客兄，十二猪拖未行。”

对儿童的启蒙教育，包括生肖文化的学习与灌输。比“子鼠丑牛”更便于接受的，是富于童趣的儿歌。1923 年出版的胡云翘的《沪谚外编》也记载了这样一首儿歌，它对十二生肖中动物习性的概括，非常富有童趣：

正月梅花开来直到梢，老鼠眼睛像胡椒，
偷油咬物真讨厌，叮嘱家家多养猫。

二月里开杏花，耕牛最是有功劳，
油车里碾豆牛用力，稻田里戽水牛赶车。

三月里桃花红喷喷，老虎凶来要吃人，
凶人还有凶人制，提到铁笼里哪能放虎行。

四月蔷薇开来语头多，兔子双双来做窠，
月落一窠小兔子，子息多来劳碌多。

五月里石榴开，老龙取水白漫漫，
问龙住宿在何处？松江有个白龙潭。

六月荷花开来梗子青，毒蛇出世草里登，

要嘱家家预备竹夹剪，灭尽毒蛇不害人。

七月凉风凤仙飘，客人骑马马飞跑，
古来好将得好马，沙场征战立功劳。

八月中秋木樨香，性情愚善是胡羊，
吃奶跪在娘腹下，畜生也识孝亲娘。

九月菊花开得叶头齐，花果山上猴子真可怜，
扬州婆捉去做戏法，随街傍路卖铜钱。

十月芙蓉开来小春天，家家养只过年鸡，
雌鸡生蛋有出息，雄鸡到天明喔喔啼。

十一月水仙开来耀眼明，狗能防夜帮主人，
独是生成一种欺贫重富的脾气，看见穷人咬不停。

十二月里腊梅开，栃里猪豕拖出来，
日里吃仔三顿不做啥，杀伊肉吃本应该。

这首儿歌正月鼠、二月牛、三月虎，与正月建寅、二月建卯、三月建辰是不一致的。这一儿歌用十二个月份列出序数编号，兼顾植物花期的知识，而且对生肖动物的描述内容更丰富，认识上更加深刻，反映了大众对事物的好恶，而非针对某种属相。

（二）春联对偶

浙江莫干山，有一处石雕十二生肖公园。公园入口处建着一座石牌坊，左右立柱上刻

着楹联：上联“子丑寅卯辰巳午未申酉戌亥”，下联“鼠牛虎兔龙蛇马羊猴鸡狗猪”，横批“生生不已”。从内容上看，这是一幅对仗工整的联语。

涉及生肖的对联，相传清代曾有人撰写这样一副：

王好货，不论金银铜板；

寅属虎，全需鸡犬牛羊。

这是一副藏头联。其中蕴含着一个故事，上下联的头一个字点了贪官的名。王寅在一个县里做县令，搜刮民财，贪婪无比，当地百姓恨之入骨。一天夜里，有人偷偷地在他家门上贴了这副对联。“王好货”，语出《孟子·梁惠王下》：“王如好货，与百姓同之，于王何有？”这句话原本有一些与民同乐的味道，但如果不是“与百姓同之”，而是很自私地把“货”，即金银铜币，“好”到自己的私囊里，就是鱼肉百姓、搜刮民财了。下联巧用生肖，“寅属虎，全需鸡犬牛羊”，由寅到虎，将贪官比做“全需鸡犬牛羊”，贪得无厌的老虎，而且还是只张着血盆大口的恶虎，这样就为这副对联增加了不少讽刺力度。

古人提高自己的文学修养，其中也包括对仗这一门功课。清代小说《镜花缘》第七十七回写姑娘们斗草名，你出“牵牛”，她对“丹参的别名逐马”；又出牵牛子的别名“黑丑”——这个“丑”字暗藏地支之名，有人对以茶名“红丁”。丑属牛，由牵牛联想到黑丑，再以红丁对仗。丑和丁，天干对地支。

我们从以上的故事中，可以见到生肖文化为联句对仗带来的乐趣。联句对仗如果与传统节日春节结合，就形成了一种雅俗共赏的岁时文化样式——春联。《宋史·蜀世家》记五代后蜀主孟昶题写桃符：“新年纳余庆，嘉节号长春。”清代人经过论证说这是中国历史上最早的春联。

其实，十二生肖都是可以入联的。如鼠年联，“鼠去人安泰，子来国富强”；龙年联，“辰居其所群星拱，龙舞于天万国歌”；狗年联，“庚年种树山山绿，戌犬司宵户户安”；猪年联，“亥来四季美，猪献满身肥”。这四副对联的特点是上下联分别嵌入地支与属相。此其一。

其二，旧岁新年嵌入联语。如：“兔送东风周九地，龙迎瑞雪庆元春”，这是龙年联；“龙勺酒浆辞旧岁，蛇纹琴韵迎新年”“辞戊辰金龙述职，迎己巳

银蛇报春”，前者为一般的龙年联，后一副为戊辰年联。这类春联中，有一副关于马的春联，“春自巳年蛇尾起，且从午岁马头生”，写蛇年、马年的交替，既传神又有趣。

其三，联语中不以生肖相对仗。如龙年春联“龙蛇交替舞，岁月继续新”，上联写到两种生肖——龙蛇，对下联的“岁月”。

其四，只以地支入联的生肖春联。“万千禽兽尊为子，十二生肖独占先”，这副鼠年春联，并不见一个“鼠”字。

总之，如果我们想要创作出一些品质上乘的生肖春联，不细细地进行一番构思是不行的，有时还要注意到用典、对仗等问题。

（三）隐语异名

隐语，又称行话、黑话、切口等。有些事情或东西，说话者不愿照直讲出，用隐语来讲，听话者如果是行家，并不需要破译就可知晓。听者如果不是同类人，就往往不能理解其中的意思，仿佛走进云雾中一般。隐语是某一类人群中流行的内部语言，一些秘密团体将隐语作为维系团体关系的方式之一。

从地支与属相的对应关系中也可以派生出不少的隐语。比如，以“丑生”为牛的隐语，见《行院声嗽》（明代时流行于烟花巷的隐语书）。

这类隐语乡村间也有流行，清代的民间农事隐语称牛为“丑官”。“丑生”“丑官”均源于生肖牛，在“丑”后面缀以“生”或“官”，就使其带有了拟人化的味道。

隐语具有语言的基本特性，它是约定俗成的，要相对稳定。曲彦斌《中国民间秘密语》一书，载有清末民间弹三弦算命者有一套隐语，用来指代十二生肖：

属鼠——光嘴通，属牛——摆子通，属虎——爬山通，属兔——钻坎通，属龙——海条通，属蛇——柳子通，属马——横行通，属羊——长髯通，属猴——斤斗通，属鸡——啼明通，属狗——守笆通，属猪——垂耳通。

算命先生有时并不直说属鼠属牛，而是用隐

语，就讲“光嘴通”“摆子通”。该书还介绍拉胡琴算命者的隐语，其以“死为川”“虎伤为寅川，犬咬致死为戌川，蛇咬致死为巳川”，很明显地可以看出，这是从生肖而来的隐语。

从《中国民间秘密语》这部书中可以看出，在大量的旧时民间隐语里，也包含有生肖文化因素。例如：

卯兔：

明代隐语，兔为卯官。因为兔为月魂，卯属兔，所以《行院声嗽》把月亮称为卯光。

辰龙：

《江湖切要》：三为汪，又为汪辰。辰为龙，龙主水，所以隐语用“汪”。

巳蛇：

上面已经论述过，清末民初，拉胡琴算命者隐语称蛇伤致死为巳川。

午马：

《江湖切要》载隐语数码，四为则，又为执巳。五为中，又要为中马。清代时，称马的隐语有午流、午老。

未羊：

根据羊肉的味道特点，《行院声嗽》称羊为膻郎。到清代出现了许多其他名称，如膻老、解草、白衣、未流，都是称羊的隐语。

申猴：

《江湖切要》所记隐语数码，七为辛申。这仍属于以寅虎为一的数码体系。又称七为心，“心”即“心猿”的缩略。古代有一个广为流传的词，叫“心猿意马”。因此，称数码七为心，就是以“心猿”之猿来与申相对应。

酉鸡：

酉官，自是生肖的产物。清代隐语称鸡为酉官、鸣老、得晓等。

戌狗：

《行院声嗽》中说，狗为戌儿。到清代时，又出现了巡攘、州官、戌老等隐语。

亥猪：

明代民间隐语称猪为亥儿。黑官之黑，是因亥五行属水，水色黑。清代《癸巳存稿》：“司水曰张大明王，俗称牛肉菩萨，以水德在亥，祭不用亥禽，猪也。”亥禽，当是民间祭祀时所用隐语。清代称猪的隐语有亥官、黑官。

隐语中的生肖，反映了生肖与地支，一个为生动的形象符号，一个为抽象的没有什么意义（至少如今是这样）的符号，合二为一，互为表里的关系，实在是一种文化的奇观。

与生肖有关的隐语，还有另一种形式，就是用生肖称代器物。如出海捕鱼在古时候是非常危险的，出于心理的需要，人们产生了很多禁忌。黄海渔业生产就有一种习惯，“渔船上的一些部件和用具，都可以用十二生肖作为其代称，如墙垛称老母猪肚子，小蓬索称鼠尾子，船槽称马嘴等等。

这样虽然外人听了觉得很好奇，但是渔民在海上作业时相互称呼，很是方便”。人们之所以用十二生肖作为渔船器物的代称，取意可能就在于生肖之“生”——十二生肖本身蕴含着生生不已的意思。

四、生肖与成语

（一）鼠

在人们的眼中，老鼠的形象是猥琐的，习惯于暗中行事。所以在成语中，与鼠有关的大都含有贬义。

"首鼠两端"，形容一个人遇事模棱两可，见风使舵，不轻易表态。"抱头鼠窜"，抱着头像老鼠一样逃窜。形容受到打击后仓皇逃命的狼狈相。如《三国演义》第八十回："孟获等抱头鼠窜，往本洞而去。"

"胆小如鼠"，形容一个人胆子小得像老鼠一样。形容胆小怕事。"鼠肝虫臂"，后人多以之比喻微末轻贱的人或物，它出自《庄子·太宗师》："伟哉造化，又将奚以汝为？将奚以汝适？以汝为鼠肝乎？以汝为虫臂乎？"这原本是子犁去看望生病的子来时所说的一句话："伟大的造物者啊，他又要把你变成什么东西？要把你送到哪里？要把你变成老鼠的肝吗？要把你变成小虫的膀子吗？"所以这个成语有时也用来比喻人世的变幻无常，又作"鼠臂虮肝"。

"鼠目寸光"，老鼠的眼光只有一寸远。形容目光短浅。"鼠肚鸡肠"，比喻人的气量狭小，很难包容别人。

"鼠牙雀角"，语本《诗经·行露》："谁谓雀无角，何以穿我屋？谁谓女无家，何以速我狱……谁谓鼠无牙，何以穿我墉？谁谓女无家，何以速我讼？"该诗写一男子逼娶一女，遭到女子的严词拒绝。"鼠牙雀角"可以用来比喻强暴势力，也可以指诉讼事或引来争讼的细微之事。至于"鼠心狼肺"，我们现在都已经写作"狼心狗肺"，将鼠换为狗，意思显得更为准确。

上面的成语都是借用老鼠的身体部位进行比喻，别看老鼠身体不大，对于汉语的贡献也可谓"鞠躬尽瘁"了。此外，用人与鼠的关系或老鼠自身位置与行动进行比喻，成语中也有很多这样的例子。"过街老鼠"，与俗语"老鼠过街，人人喊打"意思相同，可见人们对老鼠憎恨的程度之深。"鼠窃狗偷"，或

作“鼠窃狗盗”，用来比喻小偷小摸或小规模的抢掠骚扰，但“鼠窃狗偷”，还有鬼鬼祟祟和不正当的男女关系两个意思。“猫鼠同眠”，猫和老鼠睡在一起。比喻上官糊涂，任凭下属干坏事。也比喻上下互相包庇，一起干坏事。

“城狐社鼠”，语本《晏子春秋·问上九》：“夫社，束木而涂之，鼠因往托焉，熏之则恐烧其本，灌之则恐败其涂，此鼠所以不可得杀者，以社故也。”这句话是说城社坛中的老鼠，凭着人们对神灵的恭敬之心而为非作歹，所以很自然地让人痛恨得咬牙切齿。“罗雀掘鼠”，因为粮食用尽而只能张罗捕雀、挖洞捉鼠以充饥，常常用来比喻用尽一切办法去筹措资金。这一典故出自《新唐书·张巡传》，据说张巡驻守睢阳时，城里粮食用尽，所以就“至罗雀掘鼠，煮铠弩以食”。

总之，有关老鼠的成语都不乏生动幽默的色彩，这就极大地提高了汉语的表现力。

（二）牛

牛是人类最早的动物朋友之一，在人类语言之中与其相关的有很多。例如在《中华成语辞海》中，带有“牛”字的成语、俗语就多达一百四十多条。而且这些带有“牛”字的成语言简意赅，形象生动，有很强的表现力，因此大多成为百姓日常用语。

带有“牛”字的成语中，有很多都是历史久远，有典故出处的。

如“庖丁解牛”一词，语出两千多年前的《庄子》，说的是有一个厨师为文惠君宰杀分割一头牛，刀根本不碰牛骨头。厨师告诉文惠君，他刚开始宰杀分解牛时，眼中就是一头牛，而经过十九年宰杀数千头牛之后，如今眼睛里“未尝见全牛”，刀锋却在骨隙之间游刃有余。后来人们用这个成语比喻技术高超，出神入化。

“牛鬼蛇神”，今天常用来比喻各式各样的坏人。其实这个成语也是有出处的，它语本唐代杜牧《李贺集序》：“鲸口去鳌掷，牛鬼蛇神，不足为其虚荒诞幻也。”这里用牛首之神与蛇身之神来形容文学作品的虚幻与怪诞，并不包含贬义。

之后人们又用它比喻歪门邪道，再进行引申可以形容各种坏人，就完全成了贬义词。

“汗牛充栋”这个成语出自唐代大文豪柳宗元笔下。柳宗元称赞陆文通藏书丰富，在屋里堆放高及栋梁，用牛搬运时，牛累得出汗。现在人们用“汗牛充栋”形容藏书很多，显得既准确又形象。

“老牛舐犊”，以牛爱其犊子常用舌头舔之，比喻人们爱子情深。此语本《后汉书·杨彪传》：“子修为曹操所杀，操见彪问曰：‘公何瘦之甚?’对曰：‘愧无日磾先见之明，犹怀老牛舐犊之爱。’”另外根据《汉书·金日磾传》，金日磾原本是匈奴休屠王太子，被汉武帝俘虏后拜为马监，深受汉武帝的宠爱，他的儿子弄儿也为汉武帝所钟爱。但是弄儿在宫中的行为并不让人满意，与宫人淫乱时，被金日磾撞见，金亲手杀了儿子，以防止后患，所以这样就更加受到汉武帝的尊敬了。杨彪用这一典故回答曹操，是反话正说，他怨恨曹操杀子，但又选择了一种很合适的回答方式，令曹操也无可奈何。

“泥牛入海”，泥塑的牛一进入水中就解体了，比喻某一事物一去不复返。“土牛木马”，以泥捏的牛和木制的马比喻有其名而无其用。“牛骥同皂”，牛和千里马在一个槽中进食，比喻贤愚不分。“宁为鸡头，无为牛后”，与“宁为兵头，不为将尾”的意思大致相同。“执牛耳”，比喻在某一领域中占据领导的位子；“牛马风”，指事物之间毫不关联，与“风马牛不相及”相似。

然而，由于时代发展的原因，一些带有“牛”字的成语现在已不常用。比如“吴牛喘月”，是说生长于江淮一带的水牛怕热，误把月亮当成太阳，一看见月亮就喘。古人用来比喻害怕使之受苦的事物，也用来形容酷热难当。但现在这个成语已经渐渐地被人们遗忘了。

有趣的是，由于牛与其他家禽家畜为伍，所以，牛与其他动物搭配组合的成语屡见不鲜，诸如“做牛做马”“牛黄狗宝”“鸡口牛后”等比比皆是。

此外，也许是人们对牛太熟悉了，所以日常生活中借“牛”说事也相当普遍。比喻极其渺小细微，叫“九牛一毛”；讥笑说话的人不看对象，叫“对牛弹琴”；讽刺动作迟缓，叫“蜗行牛步”；形容一去不返、杳无音信，叫“泥牛入海”。总之，这些成语都是非常贴切形象的。

（三）虎

在汉语的天地中，有关虎的成语是引人瞩目的。如“放虎归山”“如狼似虎”“狼吞虎咽”“虎头蛇尾”“虎背熊腰”“画虎类犬”“照猫画虎”“前门拒虎，后门进狼”“与虎谋皮”“虎头虎脑”“虎啸龙吟”“虎斗龙争”等，它们在日常生活中经常使用，形象生动，而且与虎有关的成语大都带有一种豪迈之气。

其中，有关虎的另一些成语，不明出典，就很难说出其确切意思。如“虎尾春冰”，语本《尚书·君牙》：“心之忧危，若蹈虎尾，涉于春冰。”可见是比喻极其危险的境地。“暴虎冯河”，语本《诗经·小雅·小旻》：“不敢暴虎，不敢冯河。”指空手搏虎，徒步过河，常用来比喻有勇无谋，进行冒险活动。“三人成虎”，语本《战国策·魏策二》：“夫市之无虎明矣，然而三人言而成虎。”比喻谣言一再重复传播，就有可能让人信以为真。“投畀豺虎”，语本《诗经·小雅·巷伯》，指将坏人投饲豺狼虎豹，用来表示深恶痛绝。又如“为虎作伥”，语本裴铏《传奇·马拯》，马拯是一位处士，爱好游山玩水，一天他到山中访问一位僧人，仆人被老虎吃掉。有一隐士告诉马拯，吃掉仆人的虎是僧人变成的，于是二人商量对策杀死僧人。后来又看到许多被老虎吃掉后所变的伥鬼，他们不但不报仇，反而受虎驱使做坏事。于是马拯等人杀死一虎，并且拯救了许多伥鬼。这种人变虎的故事，古代有很多，但被虎所食之人变成伥鬼而去害人，则仅见于此小说。后人即用“为虎作伥”一语比喻当恶人的帮凶。

有关虎的一些成语取义明显，虽有出处，但不知道也无碍理解。如“不入虎穴，焉得虎子”，语本《后汉书·班超传》。“骑虎难下”，语本《晋书·温峤传》。“虎口馀生”，语本唐刘长卿《按覆后归睦州，赠苗侍御》诗。这些成语，从字面意思就可以进行理解，不会大错。此外这类成语还有“虎口拔牙”“放虎归山”“与虎谋皮”“画虎类犬”以及“前门拒虎，后门进狼”等等。

有一些成语，可出现不同的说法。如“如虎添翼”，又作“如虎傅翼”“如虎生翼”“如虎生翅”等等；“虎口拔牙”与“虎口扳须”则是同

义的成语。然而若讲“为虎傅翼”，就与“如虎傅翼”意义不同了，前者强调力量的增加得到了外力的协助。“降龙伏虎”，是源于佛典的成语，形容力量强大，可以战胜一切邪恶势力。“虎踞龙蟠”，也作“虎踞龙盘”，原是形容金陵地势之语，后也用来形容一切地势险要之地。

（四）兔

顾名思义，有关兔子的成语自然都应在文字中出现“兔”字，一般而言的确如此。但也会有例外，如“扑朔迷离”一语，语本北朝民歌《木兰辞》：“雄兔脚扑朔，雌兔眼迷离。双兔傍地走，安能辨我是雄雌？”扑朔，脚乱动；迷离，看不清楚物的状态。后人即用此语比喻事物错综复杂，一时难以辨别。

与兔有关的成语很多都蕴含着一个故事，或称典故。如“兔死狐悲”，兔子死了，狐狸感到悲伤。比喻因同类的死亡而感到悲伤。语本《宋史·李全传》：“狐死兔泣，李氏灭，夏氏宁独存？”元无名氏《赚蒯通》第四折：“今日油烹蒯彻，正所谓兔死狐悲，芝焚蕙叹。”“犬兔俱毙”，语本《战国策·齐策三》：“齐欲伐魏，淳于髡谓齐王曰：‘韩子卢者，天下之疾犬也；东郭逡者，海内之狡兔也。韩子卢逐东郭逡，环山者三，腾山者五，兔极于前，犬废于后，犬兔俱罢，各死其处。田父见之，无劳倦之苦而擅其功。’”后因此以“犬兔俱毙”喻双方同归于尽。“守株待兔”语本《韩非子·五蠹》。“兔死归窟，狐死首丘”语本《淮南子·说林训》。

“狡兔三窟”语本《战国策·齐策四》：“狡兔有三窟，仅得免其死耳；今君有一窟，未得高枕而卧也；请为君复凿二窟。”后以“狡兔三窟”喻藏身处多，便于避祸。

“兔葵燕麦”形容景象荒凉，语本唐代刘禹锡《再游玄都观绝句》诗引。“兔丝燕麦”，一字之差，意义则完全不同，兔丝有丝之名而不可以织，燕麦有麦之名而不可以食，用来比喻有名无实。此成语源于《魏书·李崇传》：“今国子虽有学官之名，而无教授之实，何异兔丝燕麦、南箕北斗哉！”

“守株待兔”，比喻死守狭隘经验，不知变通，或抱着侥幸心理妄想不劳而

获。语本《韩非子·五蠹》：“宋人有耕田者，田中有株，兔也，触柱折颈而死。”古人诗文中的诗句也可以转化为成语。如“东兔西乌”，谓月亮东升，太阳西落，表示时光不断流逝。古代神话中说太阳中有三足金乌，月亮中有玉兔，因此以乌、兔代指日月。“得兔忘蹄”，比喻成功之后就忘记了当初自己所依靠的力量或条件，语本《庄子·外物篇》：“筌者所以在鱼，得鱼而忘筌；蹄者所以在兔，得兔而忘蹄。”“筌”，捕鱼的竹器；“蹄”，捉兔的网具。“兔起鹘落”，本义是兔子刚出现，鹘立即就降落捕捉，形容动作非常敏捷，常常用来比喻文人在作文章或作画时下笔果断迅捷。语本宋代苏轼《文与可画筼筜谷偃竹记》：“故画竹必先得成竹于胸中，执笔熟视，乃见其所欲画者，急起从之，振笔直遂，以追其所见，如兔起鹘落，少纵则逝矣。”

此外，“兔死犬饥”，比喻敌人灭亡后，功臣不受重用。“见兔放鹰”，谓看到眼前利益，就竞相追逐。“狮象搏兔，皆用全力”，比喻对小事情也拿出全部力量认真去做。这些都是与兔有关的成语。

（五）龙

与“龙”相搭配的成语非常多，又最为群众所喜闻乐见，并经常用以形容各种社会生活。如“乘龙快婿”，据《列仙传》记载，春秋时期有个高士叫萧史，喜好吹箫自娱自乐，陶冶性情，秦穆公把自己的女儿弄玉嫁给他，后来二人修仙得道，弄玉乘凤，萧史乘龙，一同升天成仙，人们赞美穆公有眼力，把女儿嫁给一个乘龙快婿。当时楚国有个太尉叫醒叔元，他的两个女儿分别嫁给了楚境名士黄宪法和李膺，大家也夸他得了两个乘龙快婿，意思是说女婿如龙，不同凡俗，所以杜甫有诗说：“门栏多喜气，女婿近乘龙。”

在汉语中使用频率较高的与龙相关的成语要数“画龙点睛”了。唐代张彦远《历代名画记》中有这样的一则记载：张僧繇是南朝梁时的著名画家，梁武帝修建装饰佛寺，经常命张僧繇为之作画。但是张僧繇给金陵安乐寺画四条白龙后却迟迟不肯点上眼睛，说：“点睛即飞去。”人们以为他在说大话，就劝他赶紧画上眼睛。令人没有想到的是，龙睛一点，真的只见电闪雷鸣，即有二龙乘云升天而去，另外还有二龙没有点睛，仍

然留在墙壁上。这当然只是传说，不过后来人们常用“画龙点睛”一词形容在文章的关键之处点明要旨以使文章内容生动有力。

“叶公好龙”，这一成语蕴含着很深的生活哲理。据刘向《新序·杂事五》云：“叶公子高好龙，钩以写龙，凿以写龙，屋室雕文以写龙。于是天龙闻而下之，窥头于牖，施尾于堂。叶公见之，弃而还走，失其魂魄。五色无主。是叶公非好龙也，好夫似龙而非龙者也。于是后人就用“叶公好龙”比喻人们对某一种事物的喜好只是表面上的而非真实的。

鱼与龙，在古人心目中，全属鳞界水族，某种条件下，鱼可以变化为龙，表示事物本质的一次大的飞跃。根据《辛氏三秦记》记载，黄河中游有一座龙门山，每年暮春就有黄鲤鱼在此逆流而上，能跨越过去的便可化为龙，这就是“鱼跃龙门”一词的来历。但是生活中我们所遇到的更多的情况是“鱼龙混杂”，好人、坏人搅和在一起，让人难以分辨。唐代无名氏《渔父》词云：“风搅长空浪搅风，鱼龙混杂一川中。”这就是人间多事的写照。

一般来说，龙总是象征着吉祥与美好。如“龙眉凤目”，龙，传说中是能兴云作雨的神异动物；凤，传说中的神鸟。这一成语形容人仪表英俊，气度不凡。“龙吟虎啸”，像龙虎那样长吟长啸。形容声音高亢响亮。“生龙活虎”，比喻活泼矫健，生气勃勃。“笔走龙蛇”比喻草书的笔势矫健生动。李白曾说：“时时只见龙蛇走，左盘右蹙如惊电。”

一些有关龙的成语也带有贬义色彩，如“龙潭虎穴”，龙居处的深潭，虎栖息的洞穴。比喻非常险恶的地方。“群龙无首”比喻失去了领头人，多用于贬义。“屠龙之技”，一望可知乃讽刺不切实际的技能。“攀龙附凤”当然是讽刺巴结者的。

总之，在汉语中，有很多成语是由“龙”与其他字词共同搭建起来的，可以说，带“龙”的成语大多带有一种威风凛凛的气势。

（六）蛇

在汉语中，有关蛇的成语如“画蛇添足”“杯弓蛇影”“虎头蛇尾”等，

各有典故出处，为广大民众所耳熟能详。

“杯弓蛇影”，形容人对蛇的极端恐惧之情。这一成语来源于历史上一个真实的故事。据《晋书·乐广传》载，乐广有个与之关系很好的朋友很久没来他家做客。乐广问他原因，客人回答说：“上次来的时候，刚要饮酒时，看见酒杯中有一蛇，喝下这杯酒之后就病了。”当时乐广客厅壁上挂着一把角弓，弓上用油漆画着一条蛇。乐广思量客人酒杯中的蛇就是角弓映在杯子中的影子，于是他又在客人上次坐过的地方重新请客人喝酒，问客人在酒杯中又看到什么了，客人答同上次见到的一样。乐广就向客人说明了原因，客人豁然开朗，病立刻就好了。乐广的客人对蛇恐惧到如此程度，以至于见到酒杯中的“蛇”就病了好长时间，而一旦明白那条莫须有的“蛇”不过是一张弓的影子时，病马上就好了。这生动地说明了蛇在人们心中的狠毒形象。后来，“杯弓蛇影”就用来比喻人们疑神疑鬼，自相惊扰。

“打草惊蛇”，这个成语也有个故事。古时候有一个叫王鲁的人当县令，专门搜刮民财。有一次有人控告王鲁的部下贪赃，王鲁判决时说：“你虽然是在打草，但我已经像受到惊吓的蛇一样。”意即别人虽然控告王鲁的部下，但王鲁自己也受到警告。可见“打草惊蛇”的本意是比喻惩治某人，而警告另一个人。后来比喻做事尤其是在侦查、破案时，行动不缜密，致使对方有了防备。

一些有关蛇的成语本属中性，如“蛇行鼠步”与“蛇行鳞潜”，全形容谨小慎微或行动隐秘，本无褒贬之义。但若以类似“蛇入鼠出”一类的成语来形容正面人物的行动，总有一些用词不当的感觉。以“麝珠雀环”或“蛇雀之报”作为报恩的用语并不错，但若移用于品行不端之人，就不伦不类了。

其实，蛇出现在成语中，还是贬义的居多，如“蛇蝎心肠”或“毒似蛇蝎”，毒蛇和蝎子是有名的毒物，因此借这两种毒物来形容人的毒辣。“佛口蛇心”，佛是慈悲的，蛇是狠毒的，这是形容人口上甜蜜，心中狠毒，等同于“口蜜腹剑”。“蛇毛马角”，世界上本不存在，用来形容有名无实者最为贴切。“蛇食鲸吞”比喻强者吞并弱者也极恰切。“蛇盘鬼附”比喻坏人相互勾结，极具形象性，与“蛇蟠蚓结”一词有异曲同工之妙。

此外，还有一些与“蛇”有关的成语是用来形容书法的，如“笔走龙蛇”，蛇逶迤而行，比喻

运笔流畅犹如龙蛇舞动，形容书法苍劲洒脱，类似于“龙飞凤舞”；也比喻行文流畅，才思敏捷，写文章速度快，如同行云流水一般。“春蚓秋蛇”，出自《晋书·王羲之传》，形容缺乏功底和气势的书法。这些也都是人们在生活中比较常用的成语。

（七）马

马和战争的关系是非常密切的，因此在有关马的成语中，与人类战争相关的就占多数。如“人仰马翻”，人马被打得仰翻在地。形容惨败的狼狈相，也比喻乱得不可收拾。“一马当先”，比喻走在前列，带动别的人或事情，起带头作用。“单枪匹马”，一人单身上阵。比喻没有旁人帮助，单独行动。“厉兵秣马”，把兵器磨好，把马喂好，形容准备战斗。“汗马功劳”，汗马，指骑马作战时马跑得大汗淋漓，比喻征战的劳苦。原指在战争中立下的功劳，现在也指在各种工作或事情上作出的贡献。这些成语都与战争有关，使用频率较高，而且意思比较浅显。

有一些成语也涉及战争，但如果不明出典，理解起来就要费一些力气，如出自《左传》的“马首是瞻”，出自《韩非子》的“老马识途”，出自《后汉书》的“马革裹尸”等等，若知其背后的故事，无论使用还是阅读都会感觉到一种难言的韵味。

历代史书有一些涉及马的成语，虽与战争关系不大，但也很有趣味。如“塞翁失马”，《淮南子》里说，住在边塞上的一个老头儿，一天丢了马，别人来安慰他，他说：“这怎么就不算是件好事呢？”一个月后这匹马果然回来了，还带回了一匹好马。后来就用“塞翁失马，安知非福”来比喻虽然暂时吃亏或失利，却因此得到了好处。也指坏事可以变成好事。“害群之马”，比喻危害集体的人。出自《庄子·徐无鬼》“夫为天下者，亦奚以异乎牧马者哉？亦去其害马者而已矣。”“指鹿为马”，《史记·秦始皇本纪》记载，秦二世时，丞相赵高想篡位，但又怕其他大臣不服从，就先来测验一下。他给秦二世献了一只鹿，说：“这是匹马。”二世笑着说：“丞相弄错了吧？把鹿说成马了。”赵高就问其他大臣，大臣中有的不吭气，有的想巴结赵高就跟着说是马；也有说是鹿的，

事后赵高就诬陷以其他罪名把他们杀害了。后来就用“指鹿为马”比喻有意颠倒黑白，混淆是非。此外，如“白驹过隙”，语本《庄子·知北游》，形容时间转瞬即逝。“驷不及舌”，语本《论语·颜渊》，讲的是出言谨慎之理。其他如“倚马可待”“童牛角马”“风墙阵马”“盲人瞎马”“牛溲马勃”等成语，虽然不常见，但是也与马有着千丝万缕的关系。

还有一些有关马的成语直接来源于古人的诗词文章，有典雅之趣。“金戈铁马”，指战争。宋词人辛弃疾《永遇乐·京口北固亭怀古》：“想当年，金戈铁马，气吞万里如虎。”“青梅竹马”形容两小无猜的天真之态，语本唐代李白《长干行》：“郎骑竹马来，绕床弄青梅。同居长干里，两小无嫌猜。”“走马看花”本形容得意之情，后表示对事物的表面印象或了解，语本唐代孟郊《登科后》：“春风得意马蹄疾，一日看尽长安花。”

总之，有关马的成语较多，人们使用的频率也很高。这些成语或富于智慧，或富于哲理，活跃于人们的口头或笔下，有着极强的生命力。

（八）羊

长期以来，羊因其温顺善良成为人们最喜爱的家畜之一，因此，人们也常常借助于羊而形成不同的成语，这些成语可说是各具其趣。

“如狼牧羊”比喻那些残酷的统治阶级、贪官污吏。“亡羊得牛”形容失去小的，得到大的，其实是因祸得福。某一地方官多而百姓少，被形容为“十羊九牧”，可以说是夸张而不失其真。一个人学习或做事无恒心，没毅力，难以获得进步或成功，人们常说“多歧亡羊”。

此外，一些与羊有关的成语背后还有不乏幽默感的故事。

《水浒传》有一段写鲁智深的“前面马灵正在飞行，却撞着一个胖大和尚，劈面抢来，把马灵一禅杖打翻，顺手牵羊，早把马灵擒住。”后来比喻人们乘便拿主人家的东西，叫作“顺手牵羊”。“羊踏菜园”，语本三国魏邯郸淳《笑林》：“有人常食蔬茹，忽食羊肉，梦五藏神曰：羊踏破菜园。”后人以此比喻惯吃蔬菜者偶食荤腥美食。用于自我调侃，

较为妥贴。“亡羊补牢”，语本《战国策·楚策四》：“见兔而顾犬，未为晚也；亡羊而补牢，未为迟也。”丢失了羊，赶快修补羊圈，并不为迟，也就是说在日常工作生活中，如果出现问题了，想办法赶快补救还来得及。“羊头狗肉”，一般多作“挂羊头，卖狗肉”，比喻表里不一，明一套，暗一套。这句成语原与羊、狗无关，而与牛、马有染，语本《晏子春秋·内篇杂下》，齐灵公喜欢让宫中人女扮男装，却禁止国人模仿，但是并无效果。于是晏子就对齐灵公说：“君使服之于内，而禁之于外，犹悬牛首于门，而卖马肉于内也。公何以不使内勿服，则外莫敢为也。”灵公听从了这个建议，女扮男装终于被彻底禁止。

“羊质虎皮”，比喻外强内弱，虚有其表。语本汉代扬雄《法言·吾子》：“羊质虎皮，见草而悦，见豺而战，忘其皮之虎也。”

温顺、柔弱的羊一旦落入虎群，其后果可想而知了，所以人们常把那种弱者落入强者手中或好人落入坏人手里叫作“羊入虎群”。

“羊狠狼贪”，比喻狠毒贪婪。语本《史记·项羽本纪》，原是楚上将军宋义警告屡欲出击秦军的项羽的话：“猛如虎，狠如羊，贪如狼，强不使者，皆斩之。”而项羽并未屈服，他借机杀死宋义父子，率三军破釜沉舟，一举打败秦军，确立了个人在军中的地位。

有关羊的成语还有一些不常用的，如“羝羊触藩”，比喻进退两难，取意公羊的角钩在了篱笆之上。语本《易经·大壮》：“羝羊触藩，羸其角。”羸，卡住的意思。又如“告朔饩羊”，是比喻形同虚设的意思。语本《论语·八佾》：“子贡欲去告朔之饩羊，子曰：‘赐也，尔爱其羊，我爱其礼。’”周制，天子于每年冬季把第二年的历书颁发给诸侯，称“告朔”。诸侯则于每月的朔日（农历初一）行告庙听政之礼，并以羊为祭品。但这一制度至鲁文公时已经不行，而有司乃供饩羊，所以子贡（端木赐）欲去掉它，而孔子却要保持这一虚有的礼制，就有了“告朔饩羊”这一成语。

另外还有诸如“使羊将狼”“问羊知马”“羊肠小道”“牧羊读书”等在生活中屡屡使用。

（九）猴

据科学研究发现，人类是由猿进化而来的，这是一个不争的事实。因此在十二生肖的动物中，猴与人类是最相似的。也许正是这种原因，就削弱了人类在自然界中的优越感，所以汉语中与猴相关的成语几乎都带有贬义色彩。

“朝三暮四”，语本《庄子》，有个养猴的人给他的猴子分发食物，说：“朝三而暮四。”即早上发三颗橡子，傍晚发四颗橡子。那些猴子都不满意，颇为怨愤。养猴人改口说：“然则朝四而暮三。”即改为早上发四颗，傍晚发三颗。结果那些猴子都很高兴。原指聪明人善于变换方式，实质没有变，却使对方满意；而不善于辨别事理的人可能被捉弄。后世引用多指反复无常，变化不定。

“杀鸡吓猴”，传说猴子怕见血，驯猴人就杀鸡放血来恐吓猴子。《官场现形记》说：“把鸡子宰了，那猴儿自然害怕。”后比喻惩罚一个人来吓唬其他人。也作“杀鸡儆猴”。

“心猿意马”，语本汉代《参同契》注：“心猿不定，意马四驰。”又见于佛经变文《维摩诘经菩萨品》。比喻心意像猿腾马奔一样胡思乱想，控制不住。或写作“意马心猿”。

“沐猴而冠”，沐猴，即猕猴。冠，戴帽子。语本《史记·项羽本纪》：“人言楚人沐猴而冠耳。”讽刺项羽不能成帝业。颜师古在《汉书注》中解释说：“言虽著人衣冠，其收不类人也。”就是说，猴子戴上了人的帽子，却并不是人。讽刺那些依附权势、窃据名位的人。

“教猱升木”，语本《诗经·小雅·角弓》，猱，即古书上说的一种猴子，性善登木，不用教而能，此成语即比喻引导坏人去做坏事。

“猢狲入布袋”，语本《景德传灯录》，有和尚问年代寂禅师：“怎样使学生专心学习?”禅师回答说：“猢狲入布袋。”宋代文学家欧阳修记述道，诗人梅尧臣奉命编修《唐书》时对他的妻子说：“吾之修书，可谓猢狲入布袋矣。”比喻山野之性受到约束。

此外，在其他的一些成语中，猴子也被作为嘲弄或讽刺的对象。“尖嘴猴腮”，形容人的脸像猴子一样丑陋，

亦喻指其人没有福运。“树倒猢狲散”，指大树倒了，树上的猴子就随之而散。比喻大人物倒台了，依附者就失去靠山而散伙。总之，成语中猴子的形象不是那么光彩，但在人们的心目中，猴子其实是一种很可爱的小动物。

（十）鸡

鸡与犬是古时候农家普遍饲养的动物，在成语中，两者同时出现的频率也较高。如“鸡犬桑麻”，完全是一副旧时农家乐的生平景象，而“鸡犬不留”则形容军队过后斩尽杀绝的残忍举动，但有时也用作复仇之语。

“一人得道，鸡犬升天”，语本汉淮南王刘安举家升天的传说。汉王充《论衡·道虚》：“儒书言：淮南王学道，招会天下有道之人，倾一国之尊，下道术之士，是以道术之士并会淮南，奇方异术，莫不争出。王遂得道，举家升天，畜产皆仙，犬吠于天上，鸡鸣于云中。”后用以比喻一人得势，与其有关者亦皆随之发迹，多含讽刺意味。

“鸡飞狗跳”，又作“鸡飞狗叫”，形容惊慌失措，一片忙乱的景象。这是从旧时农家生活提炼出的成语。使用时要注意这一成语的感情色彩，它也多用于贬义。

“鸡鸣狗吠”，与上一句成语看似大致相同，但取义却大不一样。此语语本《孟子·公孙丑上》：“鸡鸣狗吠相闻，而达乎四境，而齐有其民矣。”形容百姓安居乐业，与《老子》之语近似。然而后人也以此语形容战乱或变乱，就与原意完全相反了，如宋代曾巩《移沧州过阙上殿札子》云：“无鸡鸣犬吠之惊，以迄于今。”今天若用或见到此语，当注意联系语境进行理解，千万不要断章取义。

“鸡鸣狗盗”，语本《史记·孟尝君列传》。一次，孟尝君到秦国，被秦昭王监禁，无法脱身。孟尝君派人恳求昭王的宠姬，宠姬想得到孟尝君的一件白狐裘，但这件价值连城的白狐裘已在进入秦国时送给了秦昭王。于是为了解决这一难题，孟尝君手下的一位能为“狗盗”者就到秦宫中偷出了这件白狐裘，献给了秦王的宠姬。秦王听从了宠姬的话，释放了孟尝君，但不一会儿又后悔了，就派人去追。这时孟尝君已到了函谷关，正值半夜，他的手下有一位能学鸡叫

的门客，就作鸡鸣，使周围鸡声一片，函谷关鸡鸣出客，孟尝君终于逃出了秦国。若没有这二位“鸡鸣狗盗”之徒，孟尝君一行就难以逃出秦王的魔掌，微末之技起到了关键作用。然而后人用此成语则形容有卑微技能者，并含有贬义；有时也形容人的行为低下卑劣，这样就迥异于原故事的意思。

鸡与其他动物也可以搭配为语，如“鹤立鸡群”，《艺文类聚》卷九十引晋戴逵《竹林七贤论》：“嵇绍入洛，或谓王戎曰：‘昨于稠人中始见嵇绍，昂昂然若野鹤之在鸡群。’”后以“鹤立鸡群”比喻人的才能或仪表卓然出众。“鸡鹜争食”，鸡与鸭争夺食物，常比喻小人之间争权夺利。“鸡虫得失”，唐杜甫《缚鸡行》：“小奴缚鸡向市卖，鸡被缚急相喧争。家中厌鸡食蝼蚁，不知鸡卖还遭烹。虫鸡于人何厚薄，吾叱奴人解其缚。鸡虫得失无了时，注目寒江倚山阁。”后改变原意，以比喻无关紧要的细微得失。“宁为鸡口，无为牛后”，牛后乃牛的粪门，比喻宁可在小的地方为头，也不可在局面大的地方受人支配。

“呆若木鸡”，语本《庄子·达生》谓纪渻子为国君驯养斗鸡，凡四十日乃成，“望之似木鸡矣”。后世以“呆似木鸡”或“呆若木鸡”形容因恐惧或惊讶而发楞的样子。另有“鸡鸣戒旦”出于《鸡鸣》诗，指怕失晓而误事，天不亮就起身。此外如“鸡飞蛋打”“鸡零狗碎”“杀鸡吓猴”“杀鸡焉用牛刀”“鼠肚鸡肠”“小肚鸡肠”等成语，人们也经常在日常生活中使用，意义也是很明显的。

此外，“闻鸡起舞”表示激励人们奋发进取的意思。此成语语本《晋书·祖逖传》：“(祖逖)与司空刘琨俱为司州主簿，情好绸缪，共被同寝。中夜闻荒鸡鸣，蹴琨觉曰：‘此非恶声也’因起舞。”

后人常以此成语指胸怀大志、及时奋发的豪壮气概。其实，我们无论做什么事情都要有这种闻鸡起舞的精神，才能有一番作为。

(十一) 狗

从上面的描述中可以看到，犬与鸡经常连用。还有一句不常用的成语“陶犬瓦鸡”，语本南朝梁元帝《金楼子·立言上》：“夫陶犬无守业之警，瓦鸡无司晨之益。”比喻徒具形式而没有实际用途

之物。

有关狗的成语也是含有贬义的居多。如“鼠窜狗盗”，像鼠狗那样奔窜偷盗。“狐朋狗友”，显然指一些不三不四的朋友。“声色狗马”，即歌舞、女色、玩狗、跑马。泛指旧时统治阶级的淫乐方式。宋代李清照《金石录后序》云：“于是几案罗列，枕席枕藉，意会心谋，目往神授，乐在声色狗马之上。”“泥猪疥狗”，比喻卑贱或粗鄙的人。“鸡肠狗肚”，比喻狭窄的度量，狠毒的心肠。“蝇营狗苟”，语本唐代韩愈《送穷文》：“朝悔其行，暮已复然，蝇营狗苟，驱去复还。”比喻像苍蝇一样到处钻营，如狗一样苟且求活。常用来形容那些不择手段、不顾廉耻追求名利的人。

狗虽然一心事主，有忠诚的美名，但成语却有很多不取其“义犬”的形象，如“狗仗人势”“鼠窃狗偷”“行同狗彘”“狗血喷头”“狗彘不若”等等，在此，狗所充当的角色都不太光彩。

“犬马之劳”，是为主子或他人尽力的谦辞，时代推移，如今此词在交往中已经很少用了。“犬马之养”，语本《论语·为政》：“今之孝者，是谓能养。至于犬马，皆能有养；不敬，何以别乎?”后人常以“犬马之养”为供养父母的谦辞，今天也不大使用了。

“狗吠非主”，狗见到外人便吠叫。亦以喻臣奴事其主而拒事非其主者。语出《战国策》：“跖之狗吠尧，非贵跖而贱尧也，狗固吠非其主也。”

“桀犬吠尧”，语本汉代邹阳《狱中上书自明》，桀是传说中夏朝的暴君，尧是传说中远古时代的圣贤之君，桀的狗向尧乱叫，是各为其主的意思，但也比喻坏人的走狗攻击好人或一心为主子效劳。

“儽如丧狗”，形容人失意而精神颓丧。语本《史记·孔子世家》：“孔子适郑，与弟子相失，孔子独立郭东门……累累若丧家之狗。”裴□集解引王肃曰：“丧家之狗，主人哀荒，不见饮食，故累然而不得意。孔子生于乱世，道不得行，故累累然不得志之貌也。”该成语的原意是办丧事的人家的狗，“丧”，比喻沦落不遇的人。后人读“丧”为去声，以为无家可归之狗，无处投奔而惊慌失措。

“狗尾续貂”，亦作“狗尾貂续”。第一种意思是古代近侍官员以貂尾为冠

饰，任官太滥，貂尾不足，用狗尾代替。后以“狗尾续貂”讽刺封爵太滥。《晋书·赵王伦传》：“奴卒厮役亦加以爵位。每朝会，貂蝉盈坐，时人为之谚曰：‘貂不足，狗尾续。’”第二种意思是比喻以坏续好，前后不相称。多指文学艺术作品。宋周必大《杨廷秀送牛尾狸侑以长句次韵》：“公诗如貂不烦削，我续狗尾句空著。”

“狗急跳墙”，比喻走投无路时不顾后果地行动。语出《敦煌变文集》：“人急烧香，狗急蓦墙。”

“狗彘不若”，犹言猪狗不如。形容品行极端卑劣。语出《荀子·荣辱》：“乳彘不触虎，乳狗不远游，不忘其亲也。人也，下忘其身，内忘其亲，上忘其君，则是人也，而曾狗彘之不若也。”

“鸡鸣狗吠”，有两个意思，一是形容百姓安居乐业。语出《孟子·公孙丑上》：“鸡鸣狗吠相闻，而达乎四境，而齐有其民矣。”焦循正义：“此必时俗语。故《老子》亦云：‘乐其俗，安其居，邻里相望，鸡犬之声相闻。’”二是形容战乱。

此外，汉语中有关狗的成语还有很多，如“鸡飞狗叫”“白衣苍狗”“飞鹰走狗”“狗行狼心”等等，如果运用得恰当，会给文章增添不少色彩。

（十二）猪

在我们的语言里，许多时候都用猪表示低下、笨拙的含义。文言文中也是如此。

涉及猪的成语，一般“猪”字并不出现，而以“彘”或“豕”替代。猪性莽撞，所以用“狼奔豕突”来形容莽撞蛮干的人。受人之恩而不懂回报的人，称为“豕交兽畜”。“鲁鱼豕亥”，指书籍在传写与刊印过程中的误写或错读。《吕氏春秋·察传》：“有读史记者曰：‘晋师三豕涉河。’子夏曰：‘非也，是己亥也。夫巳与三相近，豕与亥相似。’”又晋代葛洪《抱朴子·遐览》云：“谚曰：‘书三写，鱼成鲁，虚成虎。’”《意林》卷四引此谚语作“书三写，鱼成鲁，帝成虎”，帝、虎草书

近似，故云。因而“鲁鱼豕亥”也可以写做“鲁鱼帝虎”，意思是完全相同的。

“封豕长蛇”，用来比喻贪暴者。语本《左传·定公四年》：“吴为封豕长蛇，以荐食上国，虐始于楚。”杜预注云：“言吴贪害如蛇豕。”

人们常用“抱一颗猪头，还怕找不到庙门”，比喻有本事不愁无处施展。与此语有联系的另一句谚语则是“庙里猪头，有主”，指某物已有归属。古人祭祀孔子献胙肉（礼毕祭祀者分食），胙肉是冷的，所以旧时常用“吃冷猪肉”一语讽刺那些可以享受到冷猪肉的道学先生们。而道学先生们往往又是口上一套，做的又是一套，《老残游记》第十三回：“其实我也不是想吃冷猪肉的人，作什么伪呢！”此外，猪个大肉肥美，是老虎最喜之物，用“向虎借猪”表示不可能之事。

“十个猪爪，九个往里弯”，比喻做事总向着自己的人，惟妙惟肖。“十年的野猪，老虎的食”，比喻最终要为强者占有的人或物，调侃中不乏生动之趣。猪养尊处优，一旦肥壮就被宰杀。所以有时名声远扬常给人带来烦恼，这就是“人怕出名猪怕壮”。“过年的猪，早晚得杀”，比喻人要遭殃是迟早的事情，体现了人生的悲剧。“臭猪头，自有烂鼻子闻”，该语突出了坏人之间的臭味相投，也是成语“人以群分，物以类聚”的形象阐释。

有关猪的成语还有很多，如果运用恰当的话，就可以使语言生动，为文章增加不少色彩。

五、生肖与人生

（一）生肖命理

由于人们对十二生肖非常崇信，尤其是在远古时期，人们无法主宰自己命运，所以往往就根据以往的经验对某一生肖年的运气进行一番解释与概括，这些概括常常有互相矛盾的情况出现。

鼠年：其年财利正旺，年初即会逢喜事，年末有余粮；财源广进；要注意立夏前后时期，当年七月份以后要注意意外的发生，无事应多进佛门求佛保佑，忌赌博。

牛年：其年天福星高悬，诸事皆吉；福德之神临命，虽有阴人小口舌，过后即安，何须自叹有纷争。岁末多向西北方向求福，可以来年守安宁。适时可投资大生意，但应多了解信息，稳重办事。

虎年：其年运势多有起伏，经营筹谋，远走他乡，劳苦奔波，虽财源旺盛却辛苦。宜以静制动，以逸待劳；可投资生意，多方发展。

兔年：小病常有，浮沉不定。其年多变，流离颠沛，精神弥爽；岁末事喜有小财，不枉一年劳苦，虽有不利，也算平安。应安分守己为好，忌赌博。

龙年：本命相搏，高下起伏，其年有机会深造，学艺聪敏，事半功倍。年中有阻，须多加小心；本命相冲，忿气伤神，最宜注意。多见喜庆事可以与之相冲。

蛇年：太阳星高照，凡事任君行。但时有晦气透出，男有意外伤亡或血光之灾，宜多人同路，多加小心。注意保养身体，增强体质，多进佛门求菩萨保佑。

马年：诸事不顺，有挫折，灾祸重起。年末稍缓，但不可大意。月初拜观音，祈福免灾，方可全年平安。时有倒霉之日，切忌眼红别人发财，应沉住气，待时机好转再集中精力干一番大的事业。

羊年：其年有喜有忧，喜本年有外财，忧伤身退财，

小心亲朋四邻中有小人挑拨离间，致使你良莠不分，鲁莽行事。今年处理问题须冷静，是非分明才可保平安，求财应格外小心。

猴年：其年大孝发动，然而有天星在侧，苦乐参半。年初宜早定全年大事，年中宜静守，年末稳中求财，可有意外财喜，忌贪婪，勿躁进。平时见机行事，多结交贵人，定保平安。

鸡年：其年诸事顺利，满门吉庆，同德照临；但时有小病，破小财；如心平气和，当万事如意。应抓住机会大干一场，事业可向外发展，平时多行善积德，定可平安发财。

狗年：其年口舌是非难免，凡谋欠利，勿要强取豪夺，定可太太平平度光阴。争取财源广进，但忌不择手段或邪门歪道。

猪年：其年紫微星同挂，一帆风顺，万事如意。岁初有天狼窥视，需多加小心。

（二）生肖婚配

以人的出生之年定所属动物，这是中国人一个很独特的记人出生时辰的方法。所以，在民间就产生了一种属相与人的品性、才能和命运三者间的沟通。即属什么动物的人身上也有那种动物的特性，就好像西方人所信奉的星座，个人的生肖所属成了自己的本命之神。

在我国民间，男婚女嫁与生肖的关系可以说是非常密切。古代，根据阴阳学说，术士们将五行相克之道与生肖属相联系起来，就演变为生肖属相之间的相生相克之说。中国古代将五行金、木、水、火、土这五种物质神秘化，形而上学地套用在人的生肖属相相生相克之道上，可以说使其蒙上了迷信色彩。在生肖方面，因为十二地支分别应属于五行，即寅、卯属木；巳、午属火；辰、未、戌、丑属土；申、酉属金；亥、子属水，所以与之相配的动物属相也就有了五行之属，即虎、兔属木；蛇、马属火；龙、羊、狗、牛属土；猴、鸡属金；猪、鼠属水。又因为五行金木水火土之间有相生相克的关系，所以生肖之间也有了相生相克的关系。根据这些就推演出了十二生肖在婚姻上的禁忌关系，即

所谓的“犯大相”。这种观念被运用到了许多正式的场合，像结婚这种人生大事，属相是否相配，生肖是否相克，更是必不可少的标准了。在中国民间，传统观念男女定亲必须先“合八字”，要“避六冲”。在民俗中，择偶标准能否成功，婚姻是否幸福，还有一整套关于生辰八字的属相方面的讲究。今天看来虽让人难以理解，但却充满生肖文化之趣。

民间流传的所谓属相相合者是：

子与丑合——鼠与牛相合；寅与亥合——虎与猪相合；巳与申合——蛇与猴相合；卯与戌合——兔与狗相合；辰与酉合——龙与鸡相合；午与未合——马与羊相合。

属相不合者在男女婚配问题上有生肖相克的说法，如谓“羊落虎口”“狗撵鸡”“龙抓兔”等。所谓生肖属相的相生相克，源于五行相克之道。五行，即金、木、水、火、土五种物质。五行的相生规律为木生火、火生土、土生金、金生水、水生木、木又生火……其相克规律为：木克土、土克水、水克火、火克金、金克木、木又克土……以此相生相克，往复无穷。因此，就有以下民谚：“白马怕青牛，羊鼠一旦休。蛇虎如刀错，兔龙泪交流。金鸡怕玉犬，猪猴不到头。”

在属相方面，由于十二地支属五行，所以属相之间也就有了相生相克的关系，这种关系不仅适用于男女婚配，而且还适用于各种人际关系，使其蒙上了一种神秘色彩，比如，民间对男女婚配“犯六冲”是极为忌讳的。

（三）生肖取名

利用十二属相给刚出生的孩子取名，是中国文化的一种形态。十二属相性格不同，姿态各异，这里论述一下人们怎样按照属相进行取名的。

肖鼠年生人：在人们心目中，鼠的威信可以说是扫地，不是一个非常好的属相，但是它机智、灵活、聪敏，给人带来了许多乐趣。按照五行说法，属鼠人取名原则有：取名有“八”或“宀”字（或部首内包含），则环境良好，名利双收；有“米”字、“豆”字，则福寿兴家，子孙鼎盛；有“艹”字、“金”字、“玉”字，精明公正，操守廉正；有“亻”字、“木”字、“月”字，贵人明现，克己助人；有“田”字，快乐待人，

一生清闲；有“山”字，孤独，六亲无缘；有“忄”字，多不顺或作风果断；有“石”字，不利健康；有“皮”字、“氵”字、“马”字、“酉”字、“火”字、“车”字，忌车怕水或易犯法。

肖牛年生人：牛被人们认为是具有良好品德的一种属相，在它身上集中了诚实、质朴、任劳任怨的特性。按五行说法，属牛人取名原则有：取名宜有“氵”字，清爽享福，上下敦睦；有“月”字，孤劳不顺；有“火”字，不利健康或忌车怕水；有“石”字、“山”字，易孤独，不利家庭，晚婚迟得子大吉；有“血”字、“糸”字、“刀”字、“力”字、“几”字，多不顺，忌车怕水；有“田”字、“车”字、“马”字，劳苦一生；有“亻”字、“木”字，义利分明，操守廉正。

肖虎年生人：虎在人们心目中是勇猛、强壮、威风的象征，但是美中不足它带有一些傲气，因此，按五行说法，属虎人的取名原则是：取名宜有“山”字，雄霸山林，智勇双全，福寿兴家；有“玉”字，英俊才人，多才巧智；有“月”字、“犭”字、“马”字，义利分明，操守廉正，克己助人；有“金”字、“木”字、“氵”字，温和贤淑，名利双收，环境良好；有“日”字、“火”字，性刚果断，幼年不顺或忧心劳神；有“田”字、“口”字、“儿”字，不利家庭，晚婚迟得子大吉；有“糸”字、“石”字、“刀”字、“力”字、“弓”字、“父”字，多不顺，忌车怕水或不利健康。

肖兔年生人：兔是柔顺、聪慧、善良和活泼的象征，因此根据五行说法，属兔人取名原则是：取名宜有“月”字，清秀多才，温和廉正，安富尊荣；有“亻”字、“禾”字、“木”字，贵人明现，精诚公正；有“入”字、“宀”字，重义信用，环境良好；有“犭”字，良善积德，子孙兴旺；有“金”字、“白”字、“玉”字，勤俭励业，成功隆昌，富贵增荣；有“马”字、“酉”字，多不顺，不利健康；有“石”字、“力”字、“刀”字，不利家庭，晚婚迟得子大吉；兔怕水，有“川”字更凶，忌车怕水。

肖龙年生人：龙是十二生肖中地位最尊贵、最有能力的动物，它代表着权力和地位，因此根据五行说法，属龙人的取名原则是：取名宜有“氵”字，大吉，有冲天之势，成功隆昌，富贵增荣，一生享福禄；有“金”字、“玉”字、“白”字、“赤”字，精明公正，学识渊博，福寿兴家；有“月”字，温和贤

淑，克己助人，良善积德，子孙鼎盛；有“土”字、“田”字、“禾”字、“衣”字，多不顺，不利家庭，晚婚迟得子大吉；有“力”字、“刀”字，不利家庭；有“糸”字、“犭”字，奔波劳苦；有“火”字，无自立之地，忌车怕水，不利健康。

肖蛇年生人：蛇这种动物喜欢草丛，因此根据五行说法，属蛇人的取名原则是：取名就宜有“艹”字，大吉，一生享福禄，富贵增荣；有“虫”字、“鱼”字，智勇双全，精诚温和；有“木”字、“禾”字、“田”字、“山”字，重义信用，学识渊博，成功隆昌，名利永在；有“月”字、“土”字，操守廉正，一门鼎盛；有“忄”字，性刚或忧心劳神；有“石”字、“刀”字、“弓”字，不利家庭，晚婚迟得子大吉，忌车怕水；有“火”字、“亻”字、“糸”字，不利健康。

肖马年生人：马代表着勇于拼搏、前途远大、心胸开阔，而且马喜欢吃草，因此根据五行说法，属马人的取名原则是：取名宜有“艹”字、“金”字，学识渊博，安尊荣，享福终世；有“玉”字、“木”字、“禾”字，贵人明现，多才巧智，成功隆昌；有“虫”字、“豆”字、“米”字，福禄双收，名利永在；有“土”字，义利分明，温和贤淑，克己助人，重义信用；有“亻”字、“月”字，英俊才人，智勇双全；有“田”字、“火”字、“氵”字，忧心劳神或性刚；有“车”字、“石”字、“力”字、“马”字，不利家庭，婚迟得子大吉，或不利健康。

肖羊年生人：与兔子一样，羊在人们心目中也代表了平和、善良、温顺，草是羊的命根子，天下没有不吃禾苗的羊，因此根据五行说法，属羊人的取名原则是：取名宜有“金”字、“白”字、“艹”字，学识渊博，操守廉正，重义信用，富贵增荣；有“月”字、“田”字、“豆”字、“米”字，勤俭建业，名利双收，安享清福；有“马”字、“亻”字、“鱼”字，英俊才人，多才巧智，温和贤淑，克己助人；有“车”字、“氵”字、“日”字、“火”字，不利家庭或健康，忌车怕水；有“忄”字、“犭”字，忧心劳神或不利家庭。

肖猴年生人：属猴人身上似乎都带有一种创造力，而且活泼好动，许多人都非常健谈。猴子喜欢在树上跳来跳去，寻找食物，所以根据五行说法，属猴人的取名原则是：取名宜有“木”字、“禾”字，清贵享福，成功发达；有“金”字、

"玉"字、"豆"字、"米"字，英俊佳人，多才贤淑，福禄双收；有"山"字，安富尊荣，福寿兴家；有"田"字、"山"字、"月"字，操守廉正，名利双收，一门鼎盛；有"氵"字、"亻"字，上下和睦，智勇双全；有"火"字、"石"字，性刚果断或不利家庭；有"口"字、"人"字、"冖"字，忌车怕水，不利家庭；有"糸"字、"皮"字、"犭"字，多不顺，不利健康。

肖鸡年生人：鸡给人以守时、好客、热情的印象，鸡喜欢吃豆子或米，因此根据五行说法，属鸡人的取名原则是：取名宜有"米"字、"豆"字、"虫"字，福寿兴家，富贵清吉；有"木"字、"禾"字、"玉"字、"田"字，福禄双收，名利永在；有"山"字、"艹"字、"日"字、"金"字，智勇双全，清雅荣贵；有"月"字、"人"字、"冖"字，多才巧智，环境良好；有"刀"字、"力"字、"日"字、"酉"字、"血"字、"弓"字、"糸"字、"车"字、"马"字等，幼年不顺或性刚果断，不利健康或忌车怕水。

肖狗年生人：狗与人类关系密切，是一种忠诚的动物，根据五行说法，属狗人的取名原则是：取名宜有"鱼"字、"豆"字、"米"字，食禄美满，闲享福，名利永在；有"人"字、"冖"字、"马"字，安祥快乐，温和鼎盛；有"氵"字，贵人明现，乐天；有"亻"字，操守廉正，义利分明；有"金"字、"玉"字、"田"字、"木"字，精明公正，克己助人，智勇双全；有"火"字，性刚果断；有"石"字、"糸"字、"山"字、"日"字，不利家庭，晚婚或迟得子大吉，或不利健康；有"酉"字、"刀"字、"言"字，多不顺，不利健康或忌车怕水。

肖猪年生人：猪在人们心中是踏实、可爱、真诚、执着的象征，虽然有时给人以好吃懒做的印象。根据五行说法，属猪人的取名原则是：取名宜有"豆"字、"米"字、"鱼"字，福禄双收，名利永在，富贵清吉；有"氵"字、"金"字、"玉"字，智勇双全，精明公正，克己助人，温和贤淑；有"亻"字、"山"字、"土"字、"艹"字，英俊才人，重义信用；有"月"字、"木"字、"禾"字，子孙兴旺，环境良好；有"糸"字、"刀"字、"力"字、"血"字、"弓"字、"儿"字、"父"字等，不利健康或忌车怕水，不利家庭。

需要注意的是，以上关于生肖"命理""婚配""取名"的种种说法，其实并无科学根据，有的作为习俗被人乐道，有的则是宿命观的表达。

信仰文化

从物质和意识的领域来理解，信仰就是一种意识，道德就是意识对物质的反作用。从真理的概念来理解，信仰就是人们对未来世界正确的意识，道德就是在信仰的支配下正确的行为。如果我们站在个人的角度来讲，信仰就是“自以为是”的信念。道德是在信仰支配下的行为。由于人是时代的产物，又由于每个人所处的环境不尽相同，所以，人与人的信仰也就不尽相同了。

一、史前先民的信仰与宗教

(一) 人类的早期文化现象——原始宗教

1. 原始宗教的定义及其产生的背景

关于原始宗教的定义，人类学家、历史学家、考古学家基于不同学科的特点做出了不同的概括。但只是局限于某一方面，中国社会科学院世界宗教研究所研究员于锦绣，从原始宗教的内涵和外延方面入手，对原始宗教的定义做了全面的概括：“就其内涵而言，原始宗教是浑然一体的原始社会意识形态及其残余的一个居于主导和支配地位的因素，是人类社会血缘和地缘小群体（氏族、村社部落、宗族、家族、家庭、村寨）为自身现实生存和发展而自然引起的对‘超自然力’的集体信念和相应实践活动的统一体。就其外延而言，原始宗教是自发产生于原始社会并继续流传于阶级社会的各种所谓原始宗教形式（如自然崇拜、祖先崇拜等）和原始宗教系统（如所谓‘萨满教’、‘东巴教’等）的总称。综合说来，原始宗教作为人类血缘和地缘小群体对‘超自然力’的集体信念和相应实践活动的统一体、原始社会意识形态及其残余的一个居于主导和支配地位的因素，是自发产生于原始社会并继续流传于阶级社会的各种所谓原始宗教形式和原始宗教系统的总称。简言之，原始宗教是“宗教”的早期或原始形态，是人为宗教的‘母体’‘基础’或‘源头’。”

生命个体是任何人类历史活动的第一个前提，在资源匮乏的原始社会，食物是原始社会人民首要面对的问题，也是他们首先要解决的问题。但是在人类社会发展的早期阶段，由于主体力量的弱小，人在强大的自然力面前显得微不足道，在这种情况下，无法凭借自己的力量控制和改造自然力的原始人民使用简陋的工具进行劳动，获得最基本的生活条件，可是更多的时候仍然面临食物匮乏的危险。不仅如此，各种各样的自然灾害还时常对人的存在造成严重的威胁。正如马林诺夫斯基所说:“原始民族，即使在最顺利的状态之下，也永远避

免不了食料缺乏的危险。”面对自然所带来的各种灾害，原始人们更多地表现出恐惧和无措。就像《原始宗教的产生及其文化价值》一文中所说的：“正是在这种情况下，人们把自然事物及其现象理解为某种强大的精神力量的活动并以感激、虔敬和畏惧的心情来对之顶礼膜拜，力求与之修好。这就决定了原始宗教产生的必然性。同时，原始人出于知识经验方面的局限和对自然过程与现象的无知，往往将自己对生命活动理解的‘框架’投身到外部对象世界，形成了‘万物有灵’的观念，这是原始宗教的思想基础。”

原始宗教是原始精神文明中最特殊的组成部分，它渗透在原始社会人的物质生产活动、社会组织生活和日常事务之中，大凡原始社会原始先民意识的和行为的、精神的和物质的全部内容，都包容在原始宗教里。原始宗教作为远古先民对于神灵的敬畏和崇拜，既是一种社会现象，同时也是一种精神现象，一种信仰体系，渗透在原始人的物质生产活动、社会组织生活和日常事务之中，它具有以下重要特征。

2. 原始宗教的崇拜对象

首先是自然崇拜，自然环境是原始人们的生存依靠，所以自然环境对原始人具有重大的影响。最初的时候，日、月、星辰以及周围的山谷、河流、土地、巨石等等，都被原始人们加以神化，并进行崇拜。“万物有灵论”就是在这种对自然力的崇拜中发展起来的。渐渐地，由于地域的差异，居住不同区域的原始人群开始有了不同的信仰，例如居住在山区的原始人群将大山当作依靠，但又往往遇到不可预知的困难和危险。于是，他们把山峰崇拜为神灵，认为山神可以给予他们赖以生存的食物，当然也可以给予他们惩罚，从而产生了祭山神和石神的宗教仪式。乌丙安在《神秘的萨满世界》中就提到“鄂伦春、鄂温克人也认为，一切野兽都归山神所有和饲养，他们之所以能猎获野兽，是由于山神的恩赐，所以十分崇拜山神”；生活在河流附近的原始人群认为水能够给人生存提供无尽的帮助，可是水也能为人们带来灾难，河水泛滥所造成的巨大破坏力，使人们认为是河神的威力。古时有河伯娶妻的故事，告诉我们这就是人们对河神的崇拜。蒙古族萨满教认为，水中有好多的精灵，他们将湖中的湖神叫做昂高·努尔，他的神力能治愈一切疾病，每逢动物发生流行病就将其

赶入湖中洗浴，认为是驱邪治病的好办法。诸如此类，还有其他的“自然神”。

其次是鬼魂崇拜，原始先民认为，人死后，虽然肉体腐烂，但是他还作为一个其他形式的个体存在，并将这称作灵魂，叫“鬼”或“鬼魂”。他们相信自己部落的人死后会变作鬼，仍然保护着自己的部落，鬼的性质在根本上与神没有什么两样，也就是说鬼就是神。鬼神不一定有人的身形，但却和人互相感应，能知道人的内心世界，甚至能赏善罚恶。中国古人认为，玉皇大帝主宰世间万物，不仅掌管着天堂地狱，而且还掌管着人的命运和世间大大小小的事情，他非常公平、正直，根据人的行为，给人以或好或坏的报应。直接干预着国家的兴衰、人的生老病死、旱涝、丰收等等。

第三是血缘先祖崇拜，集中反映在流传至今的远古神话和传说中。如盘古开天地、女娲补天、夸父逐日、精卫填海、大禹治水等等。在原始社会里，一般是首先有了鬼魂崇拜，然后才出现血缘先祖崇拜的，先祖崇拜是从鬼魂崇拜中发展而来的。血缘先祖是家族里已故的长者，他的超能力能对活着的族人后代进行庇佑，避免生活上的不幸遭遇，所以祖先的鬼魂被当做保护本族的神秘力量而备受崇拜。而先祖的肉体被当作神秘力量的来源也得到了相当大的重视，于是原始人为死去的先祖建造豪华的墓室，这样不仅可以保存好先祖的肉体，还可以让死者得到像生前一样的安适。血缘先祖崇拜所祭祀的鬼神，对崇拜者来说是固定的、长期的崇拜对象。随着先祖崇拜进一步的发展，此种崇拜方式超出了单纯的鬼魂观念和血缘观念。在阶级社会里，与神权、族权合一，成为巩固政权的重要力量，并受政权所左右。

最后是天神崇拜，说到天神崇拜，首先要说的是原始先民每天都要看到的日、月、星辰。《礼记·祭祀》云：“郊之祭，大报天而主日，配以月。”从中，我们更是看出人们心中日神和月神的地位。日神是天神的主角，而月神只是配角。至于满天的繁星，黑色的夜空更加衬托其神秘感，原始先民甚至认为天上的一颗星代表地上的一个人。所以先民们祭祀星辰的方式是把祭物撒向天空，使布满天空的星神都接受。至于流星、彗星的出现，陨石的坠地等现象，都使

先民们困惑不解，而产生种种幻觉。除了日、月、星辰诸天神的崇拜外，气象诸神——风、雨、雷、电、云等也非常具有神性和权威性。因为它们决定了先民生活的物质条件，与原始先民日常生活有着紧密的联系，所以不仅被崇拜，而且祭祀的仪式也各种各样。随着人们认识的提高，种种的疑问也随之而来，当得不到科学的解答时，其想象中的神力就出现了。诸如太阳早晨升起，晚上落下。月亮、星星晚上出来，白天消失。先闪电后打雷，先刮风后下雨，雨后会出现彩虹。是什么力量安排了这样的顺序呢？是什么能左右日、月、星辰这种高高在上的“神”呢？这个推理导致了比天上诸神更高、更具权威的神的诞生。从西周以后，人们创造了许多尊称赋予天神，如上帝、天帝、皇天等等。这表明天神的神威进一步扩大，天神的信仰也已广泛流传。

3. 原始宗教的主要特征

第一，从崇拜的对象看，原始先民对自然的认识，主要分为三个阶段：最初是以日月星辰、山河大地、花草树木、虎狼熊鸟等为对象。这些是外在于人的自然存在物，因为原始先民在无力对抗自然的情况下，只能依赖、匍匐于自然下。其次是以鬼魂、先祖为崇拜对象。例如鬼魂崇拜，即是认为死去的人的鬼魂居住在另一个世界，并不时地回来影响活人的世界；先祖崇拜，他的超能力能对活着的族人后代进行庇佑，避免生活上的不幸遭遇；最后是对神灵的崇拜，主要出现在较发达的原始群落中，人们认为在诸神的世界中，有一个或几个神占据着宇宙的统治地位。

第二，从崇拜的方式看，主要有两种截然不同的方式。一种是对神力的敬畏和崇拜，另一种是“人”主动地运用神力。后者即是所谓的“巫术”，它是通过特殊的方法将超自然力赋予某人身上，借此来帮助达到目的。巫术的使用，体现了原始先民们对超自然力的渴望，盼望成为神，随心地把握和运用超自然力。从主体的主动性来说，巫术的使用首先假定了人乃天地万物之主宰，并将人的地位凌驾于一切诸神之上。但原始先民生活在一种混沌初开的状态，不可能有这样清晰的想法。英国学者弗雷泽在其著作《金枝》一书中说：“主张宗教产生以前应有一个魔法流行的时代，把魔法与巫术这类具有主动性的社会行为划出宗教之外，并成为宗教源起的一个重要因素。”我们认为，在很多方面，巫术与宗教都是

互相混合难以分开的。所以巫术在原始宗教中是一种特殊的崇拜方式，它通过对神力的崇拜和向往，运用一定的技法将神力赋予主体，而不是完全匍匐在神力之下，巫术即是这种崇拜方式的表现形式。

第三，从祭祀来看，原始先民所崇拜的对象主要有四方面，按社会的发展层次来看，依次为自然崇拜、鬼魂崇拜、先祖崇拜和天神崇拜。所以祭祀的对象也是多层次的，但祭祀的方法主要是运用牺牲和举行庄重的仪式。牺牲品的不同，代表着祭祀的对象不同，在诸多的牺牲品中，最为惊心动魄的，就是杀人祭祀。原始先民认为用人作牺牲是对神灵最虔诚最隆重的祭祀，是最高的祭献品。杨学政在《原始宗教论》一书中指出："在所有的牺牲品中，人是最受神灵欢迎的牺牲。原始人基于生存的需要，祭天地以求收获之丰，没有什么伦理道德可言，只知道祈求、讨好山川河流诸神以免水旱之灾，甚至杀人作牺牲品以媚献神灵。其后，随着人类征服自然能力的逐渐提高，原始先民活动的区域不断扩大，开始在氏族乃至部落这个有限却又相对扩大的范围内共同生活。为了处理好群体之间的关系，他们互相视为兄弟，所以杀死本氏族、部落的人作为牺牲品的行为渐被人们摒弃，改用牺牲作为代替品。

（二）史前先民的崇拜形式——图腾崇拜

"图腾"是源自于美洲原始部落印第安人的一个方言词汇，英文写法为"Totem"，汉语意思则是"亲属"，王小盾在《原始信仰和中国古神》一书中将这个概念具体化："图腾是'人们把某种动植物或其他物体当作自己的氏族的标志或象征，认为这种物体同自己有某种血缘联系'。"正如马克思在《马克思、恩格斯论宗教》中所说："动物教正是宗教最彻底的形态。"原始先民们以简练的手法描绘与自己生产、生活最密切的某种动物、植物或其他生物，将其形象装饰于居住处或生活用品上；氏族首领则以此为标志号召本氏族成员向大自然和侵犯本氏族利益的其他氏族作斗争。

1. 图腾“受孕”说

在人类文明的童年期，基本没有什么文字记载，由于资料文献的缺乏，人们对于远古神话的了解总是蒙着一层纱。其实远古神话中的英雄人物大都与图腾有着密切的关系，诸如“简狄吞卵”“姜源履迹”“玄鸟生商”等传说。无论什么时候，繁衍后代都是一切生物的重要任务，所以繁衍后代也是一个氏族的重要责任，是保证氏族延续的重要条件，但开始的时候，原始先民们并不知道孩子是怎么来的，所以他们认为妇女生孩子是“图腾”在与妇女的神秘接触后而赐给该氏族的，认为氏族的繁衍离不开“图腾”，于是就把该图腾当作本氏族的守护神而加以崇拜。

我国少数民族中有许多这样的传说，认为本民族起源于动物。而正如恩格斯在《家庭、私有制和国家的起源》一书中所说，氏族“以动物名称命名”一般说来是“原始氏族的古典形式”。我们可以推测：图腾崇拜即是后来定型的十二生肖的前身。

2. 远古神话

说到远古神话，首先要说的是传说中的“开天辟地”的盘古氏。“盘古之君，龙首蛇身，嘘为风雨，吹为雷电，开目为昼，闭目为夜”《广博物志》。盘古的图腾形象为龙首蛇身。除了盘古外，伏羲和女娲也是远古神话中经常出现的神，传说伏羲是华夏族的始祖，女蜗为远古时的女始祖神，他们共同创造了人类。

（《帝王记》“隧人之世……生伏羲……人首蛇身。”）传说伏羲氏与太□属一人，是东方夷族的首领。《山海经·大荒西经》：“女蜗，古女神而帝者，人面蛇身。”《列子·黄帝》：“危牺氏（即伏羲）女蜗……蛇身人面。”所以人首蛇身为伏羲和女娲的图腾形象。都说中华民族是炎黄子孙，那炎帝和黄帝又是何许人也，传说中的炎帝，号称神农氏，在神话传说中属于南方的天帝。《绛史》卷四《帝王世纪》中记载“炎帝神农氏人身牛首”。此传以牛为图腾，另又传以火为图腾，且有大火、雅火、西火、北火及中火之别。传说中的黄帝，号称轩辕氏，后来迁与炎帝部落结成联盟，成为炎黄部落的首领。他领导人民营建房

屋，发展农业，养蚕缫丝等，后人称赞他“能成命物”，以后黄帝作为华夏族的祖先得到历代人民的敬仰。黄帝称熊氏，可能以熊为图腾。《左传·昭公十七年》中记载共工氏，以水为图腾，有东水、南水、西水、北水、中水。《诗经·商颂》中记载商族的图腾为玄鸟，“天命之鸟，降而生商”。《国语》中记载周族的图腾是“天鼋”，“我姬族出自天鼋”。龟是周族的图腾，他们把龟看成是“神龟”“圣龟”，一切吉凶、家国大事都寄托于“龟卜”，甚至国王、臣属、民众的力量都不能超过“龟卜”的力量。《史记·孙子吴起列传》中记载：“南方还有三苗族：‘昔三苗氏，左洞庭，右彭蠡’，他们以植物作图腾。”

原始先民对于自然、动物、鬼神、先祖的种种信仰与崇拜，无非是因为在他们面对强大的外在力量时，无法改变现状，为了祈求平安，他们只能寄希望于未知的神秘世界，这种与后来人们为了填充精神世界而信仰崇拜的儒释道文化是不同的。人们面对前者是被动的，而面对后者却是主动的。

二、儒家的信仰文化

（一）儒家信仰

中国是个多民族组成的国家，说到信仰，自然是多种多样的。主要分为宗教信仰和文化信仰，但信教人口只占很少的一部分，因为没有任何一种文化能取代儒家文化在中国人心中的地位，所以绝大多数中国人坚信儒家信仰而没有宗教信仰。可是，有时候人们会认为儒家信仰也是宗教信仰的一种，所以，有必要将二者进行区分。首先任何宗教信仰都是相信人生苦短，把人生的欢乐寄托于后世，在灵魂不死的情况下，不断做善事赎罪，最终达到进入天堂的最高境界。除此之外，宗教信仰需要有一整套体制来维系，包括专门的宗教组织，专门的经典（如：佛教的佛经，伊斯兰教的《古兰经》，基督教与天主教的《圣经》等）以及一些特殊的标识（如服饰、建筑、用具等），特定的宗教生活，特定的节日（佛的诞生日、基督的受难日）等等，让人一看就能区别开来。而儒家信仰却恰恰相反，正如史成志在《儒家信仰文化缺陷之我见》中讲到："儒家信仰是一种精神信仰，以追求一种精神不死为宗旨。儒家把生命不朽的根基建立在历史发展的不朽上，人生的价值融化在历史中，就能获得永生。儒家这种精神不朽的思想，造成大多数中国人有强烈的历史感，对历史特别重视，这代表了中国人的人生观、历史观、价值观。"从民间的事例中我们也可以更好地看出儒家信仰对于中国人民的影响，例如：中国人最畏惧两件事，一是挖祖坟，二是断子绝孙。祖坟代表着历史的不朽，而子孙则意味着历史的延续。祖坟被挖，则意味着历史的根脉被割断；子孙不继，则意味着找不到了历史的未来。古人云："不孝有三，无后为大"，所以如果子孙绵延在自己手里中断，则是最忤逆、最不孝的事情。儒家信仰最终成为了中国信仰史上没有特殊信仰生活，没有特殊信仰组织，较少神秘性、较有人情味的奇葩。

（二）儒家文化

1. 儒家文化的定位及发展历程

虽然儒家文化不能涵盖全部的中国传统文化，但是，毋庸置疑的是儒家文化是我国传统文化的核心内容。关于什么是儒家文化，历来莫衷一是，当中不乏片面的思想，认为儒学即儒家文化，或者儒教即儒家文化。目前为止，学术界普遍认为王钧林先生的概括是最为全面、恰当的。他在《儒家文化：定位、定义与功用》一文中具体说明了儒家文化应包含的三方面内容："(1) 儒家的思想学说深入人心，部分地转化成为一般社会成员的思想、意识和观念； (2) 受儒家指导或影响的个人教养，包括内在的德性心灵和外在的行为规范； (3) 带有浓厚儒家色彩的社会习俗和社会风气。这三方面的内容构成了儒家文化的基本内涵。"

作为中国传统文化的核心部分，儒家文化的发展历程并不是一帆风顺的，并不是总作为最主要的思想被推崇，众所周知的玄学、佛教、道教思想也在不同时期发挥着举足轻重的作用。但实际上，就对封建社会的影响而言，没有哪一个思想流派能与儒家相提并论。儒家文化的礼义之学是封建专制主义的理论基础，三纲五常是君临天下的伦理规范，所以获得了官方的大力支持。郑传寅在《儒家文化的历史地位及其对古典戏曲的影响》一文中概述："汉以后，名、墨之学不传，宋元以降，张扬"道统"的理学成为"显学"，凡是与"道统"不合的学派，一律受到排斥，从元末——特别是明代中后期起，佛、道二教的影响力日渐缩小。"

2. 儒家文化的主要代表人物

孔子（前551—前479年），名丘，字仲尼。据《史记》记载，孔子约在三十岁的时候，开始创办平民教育，在最早的弟子中，比较有名的有曾点、子路及颜回等。他终生奋斗不懈，他说："其为人也，学而不厌，诲人不倦，发愤忘食，乐以忘忧，不知老之将至云尔。"他开创的儒家文化是给人以智慧的学问，教给我们学习的方法，教导我们如何去识人、知人和用人，教给我们用"中庸"的方法来处理事情。虽然"中庸之道"是儒家的重要思想，但并不是孔

子第一个提出的，它在我国古代就存在。孔子在继承了我国古代先哲们的中庸观点基础上发展和系统化。《白虎道义·五行》对“中庸”的解释是：“中”指“中正”（箭靶的中心）、中和。皇侃对《论语》中的中庸疏曰：“中，中和也。”《说文》对“庸”的解释是：“庸，用也。”《尔雅·释话》：“庸，常也。”也就是“用中为常道也”。北宋程颐对中庸的注释更加通俗易懂：“不偏之谓中，不易之谓庸。中者，天下之正道，庸者，天下之定理。”《论语》中，只有一处谈到中庸，子曰：“中庸之为德也，甚至矣乎！民鲜能久矣。”其意思是：“中庸的道德标准该是最高的了，老百姓缺乏这种道德观念很久了。”可见，孔子把中庸所要求的道德提得很高。虽然“中庸”这两个字只出现了一次，但很多内容体现着“中庸”的道理。如“过犹不及”，在《论语》中记载，子贡问：“师与商也熟贤?”子曰：“师也过，商也不及。”曰：“然则师愈与?”子曰：“过犹不及”；“和而不同”。史伯则说：“夫和实生物，同则不继。以他平他谓之和，故能未长而物归之，若以同稗同，尽乃弃矣！同则不能。”（《国语·郑语》）孔子认为：“君子之中庸也，君子而时中。”《礼记·中庸》又说：“可与共学，未可与适道；可与适道，未可与立；可与立，未可与权。”无论是“过犹不及”“和而不同”“时中与权”都明确地体现了“中庸”的思想。

在教育方面，孔子是我国历史上第一个伟大的教育家，他从爱人的宗旨出发，注重受教育者的德、智、体、美、劳等全方面发展，并将德育放在首位，子曰：“志于道，据于德，依于仁，游于艺。”在智育方面，孔子注重社会人伦关系、人际交往等知识内容，而忽视生产劳动和生活技能的训练。《论语·子路》：樊迟请学稼。子曰：“吾不如老农。”请学为圃，曰：“吾不如老圃。”樊迟出。子曰：“小人哉，樊须也！上好礼，则民莫敢不敬；上好义，则民莫敢不服；上好信，则民莫敢不用情。夫如是，则四方之民，襁负其子而至矣；焉用稼！”这种偏向，既有其积极的一面，也有消极的一面。它的好处是，继承发展了我国古代自强不息，厚德载物的优良传统，在历代国家或社会危难之际，涌现出了无数热爱祖国和人民的仁人志士，使古老的文化之火，从未熄灭。在消极方面，使许多儒家知识分子成为“四体不勤，五谷不分”的精神贵族，随着时间的发

展，这种观点渐渐又发展成为“劳心者治人，劳力者治于人”。使我国的自然科学和技术没有得到应有的发展。体育方面，春秋时期，没有体育这个名称，孔子所提倡的“礼、乐、射、御、书、数”六艺，其中“射”（射箭）、“御”（驾车）是属于体育的范畴。射属于礼仪范畴，是士大夫彼此交往时所行的各种礼节仪式，御是当时交通往来必须掌握的套马赶车的本领。但孔子不是口头的重视而是身体力行，孔子身高1.91米，兴趣广泛，当时人们称他为长人。他精通射箭技术，并且有很高的驾驭马车本领。任有达在《中国传统文化的智慧》一文中，概括了孔子对美育的看法：“他把美育和道德观念结合起来，美是孔子的一个德目，他的美育包括“文”和“质”两个方面，他把礼乐修养的外在美和内心的仁德结合起来。有点像我们现在所说的语言美、心灵美及环境美。”据说孔子到齐国，听到《韶》乐，赞不绝口，是尽美矣，又尽善也，使其三月不知肉味。他认为，诗有助于振奋精神，礼有助于立身处世，乐有助于陶冶情操。在教育思想方面，他的“因材施教”“有教无类”“触类旁通”“善于启发”“学思结合”“循循善诱”等教学方法对后世也有着很大的影响，在此就不赘述。

孟子（前372—前289年），名轲，大约生活于战国中期。孟子的核心思想是“仁政”，这是他毕生的追求，但是却没有实现，他的思想是在发展和继承孔子的“仁学”基础上提出来的，他在《离娄上》文中总结远古时期三代得失天下的经验教训时说：“桀纣之失天下也，失其民也。失其民者，失其心也。得天下有道；得其民，斯得天下矣。得其民又道；得其心，斯得民矣。得其心又道；所欲与之聚之，所恶勿施。”其中的“所欲与之聚之，所恶勿施”，与孔子的“己欲立而立人，己欲达而达人”是一致的。意思是，人民所希望得到的，替他们聚集进来，人民所反对厌恶的，绝对不去做。孟子在《公孙丑上》一文中说：“人皆有不忍人之心。先王有不忍人之心，斯有不忍人之政矣。以不忍人之心，行不忍人之政，治天下可运之掌上。”关于仁政的内容，董洪利的《孟子研究》对孟子的仁政内容有比较全面的概括，主要包括以下几个方面：民本思想——《尽心下》：“民为贵，社稷次之，君为轻。是故得乎民而为天子；得

乎天子为诸侯；得乎诸侯为大夫。诸侯危社稷，则变置。牺牲既成，粢盛既洁，祭祀以时；然而旱干水溢，则变置社稷。”耕者有其田——孟子在与梁惠王和齐宣王谈话时都说：“五亩之宅，树之以桑，五十者可以衣帛矣。鸡豚狗彘之畜，无失其时，七十者可以食肉矣。百亩之田，勿夺其时，数口之家可以无饥矣。谨庠序之教，申之以孝悌之义，颁白者不负载于道路矣。七十者，衣帛食肉，黎民不饥不寒，然而不王者，未之有也。”减轻赋税——战国时期赋税、徭役形式繁多，人民负担沉重不堪。孟子说：“有布缕之征，粟米之征。君子用其一，缓征其二，用其二而民有殍，用其三而父子离。”重视商业生产——孟子在仁政中明确提出了“关市讥而不征”等政策，他认为只有减免了商业税，才能使“天下之商皆悦，而愿藏于其市矣！”普及学校教育——他认为好的政策不如好的教育。在《滕文公上》中孟子提出了学校教育的重要性：“设为庠序学校以教之。庠者，养也；校者，教也；序者，射也。夏曰校，殷曰序，周曰庠；学则三代共之，皆所以明人伦”。反对兼并战争，主张仁义之战——他认为像历史上“汤武革命”那样的战争是仁义的战争。但仁义的战争必须要建立在仁政的基础上，孟子在《公孙丑下》中说：“得道者多助，失道者寡助。寡助之至，亲戚畔之；多助之至，天下顺之。以天下之所顺，攻亲戚之所畔，故君子有不战，战必胜矣！”

荀子（前 313—前 328 年），名况，战国时期的赵国人。他既是一位政治家、军事家、教育家，同时也是一位朴素唯物主义者，认为“天行常有”，不以人的意志为转移。他批判地继承了孔子的理论，建立了自己的一套思想体系，提出了很多创新的思想。例如：鉴于孟子言必称“三代”（夏、商、周）崇拜“先王”的历史观，他提出“法后王”的观点，即效法近代之王，因为“先王”的时期距离当今很远，有些内容是通过故事的形式流传下来的，缺乏确实的根据，不一定真实可信。而“后王”距离当今很近，有史料、典章、制度等可靠记载，可信度比较高。他在《不苟》中提到：“以近知远”，“天地始者，今日是也；百王之道，后王是也，君子审后王之道，而论于百王之前”。较之孔子和孟子的过分崇拜先人的看法来讲，荀子的观点多了很多理性和现实的分析，是一种先进的思想。他还从历史的实践中，发现人民的重大

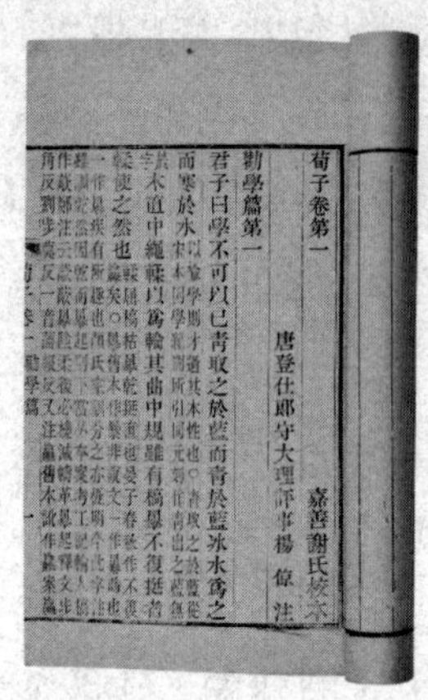

荀子卷第一　　嘉善謝氏校本

唐登仕郎守大理評事楊倞注

勸學篇第一

君子曰學不可以已青取之於藍而青於藍冰水爲之而寒於水

木直中繩輮以爲輪其曲中規雖有槁暴不復挺者輮使之然也

作用，引用古代的传说《芙制》说：“君者，舟也；庶人者，水也。水则载舟，水则覆舟。”这就是说君和民的关系，好像船和水的关系一样。这也是荀子思想进步的一面。荀子认为帝王将相的子孙，若不能遵从礼义，就把他们归入平民，即使是平民的子孙，如果能通晓古文经典的知识，顺从礼义，就可以把他们归入卿相士大夫的行列。而对于那些散步谣言、逃串流亡，违背法度、不安分守己的人。强制教育他们，用奖赏激励，用刑罚惩处。从这些言论我们可以看出，荀子的“礼义”与孔子和孟子的“礼义”是有差别的，他说：“礼者，贵贱有等，长幼有差，贫富轻重，皆有称（恰当）者也。”这是不完全按照宗族血缘的世袭等级制度，他打破了奴隶社会贵族世袭的制度，为建立新的封建专制政权作了理论准备。关于荀子的教育思想，首先要说的是学习目的，荀子认为学习的目的是学会做人，他说：“学习从哪里开始呢？到哪里终结呢？按其顺序来说是从诵《诗经》《尚书》开始，读到《礼记》结束；按其意义来说，是从一个读书人开始，到成为一个圣人终结。所以说学习的科目是有终结的，但是学习的意义是终生不能舍弃的。”从学习的态度讲，荀子说：“我整天地思考，可是不如片刻学习所得到的；我曾经踮起脚跟向远处望，可是不如登高所见到的开阔。登到高处而招手，手臂并没有加长，但是别人在很远的地方就能看见；顺着风来呼喊，声音并没有加大，但人们听得很清楚。凭借着车马出门的人，并不是脚走得快，但却能到达千里之外；凭借着船和船桨出游的人，并不是会游泳，但却能横渡江河。”

这段话的核心思想就是，君子的先天条件和别人并没有什么不同，只是善于借助外物罢了。从学习方法上说，荀子很重视学习方法，他说：“君子说，学习是不可以停顿不前的。靛青，是从蓼蓝中提取出来的，但它比蓼蓝更青；冰是水凝结而成的，但它比水更冷。木材笔直得符合木匠弹过的墨绳，但如果把它烘烤变弯而制成车轮，那么这种弯曲度就符合圆的标准，即使再把木材烘烤暴晒，它也不会再伸直了，这是由于烘烤弯曲使它变成这样的。古人总是用很简单的例子说明很深刻的道理。荀子认为，不仅自己要努力学习，还要善于向良师请教，他说：“学习没有比接近良师更为便利的。”

董仲舒（前 179—前 104 年），西汉时期重要的思想家和哲学家，他以儒家

思想为主，并融入一些法家、道家、阴阳家的思想，形成了为统治阶级服务的“大一统”儒家思想。当时汉朝虽然在政治上形成统一的局势，但还没有统一的思想。当时的丞相卫管就曾上奏“所举贤良，或治申、商、韩非、苏秦、张仪之言，乱国政，请皆罢。”《汉书·武帝记》这就是后来被称为“罢黜百家”的建议。直到后来，董仲舒为了适应大一统的封建专制统治的要求，向汉武帝提出“罢黜百家，独尊儒术”，把孔子为代表的儒家思想定为封建社会的政治思想。但是董仲舒与先秦儒学的三位大师不同，孔子、孟子、荀子三位都是理想主义者，对于政治，他们都将希望寄托在贤良的君王身上，但是他们的愿望基本没有实现。但是董仲舒却通过提高孔子的地位，提出了“罢黜百家，独尊儒术”的建议，扭转了儒学脱离政治现实的情况，使儒家的思想与现实的制度有机结合起来。《中国思想史》从人性与教化、君臣关系、心性之别三个方面论述了他们之间的分歧。人性教化——孔子要求“学而时习之”。而董仲舒对于教化的理解与他们完全不同。他说：“天生民性，有善质而未能善，于是为之立王以善之，此天意也。民受未能善之性天，而退受成性之教于王，王承天意，以成民之性为任者也。”《春秋繁露·深察名号》孔、孟、荀强调的自觉、自发、自信的教化精神，在董仲舒与现实专制的整合中，完全被扼杀了。君臣关系——孔子的君臣关系是按照“礼”互相对待对方的。孟子的时代，周天子的威风扫地，产生了民贵君轻的思想，甚至把弑君看成“诛一夫”的行为，荀子除了和孟子一样对弑君看成“诛一夫”的想法以外，在法家的挑战下，已有尊君的倾向，但他尊敬的君是崇尚礼义的君王。董仲舒则不然，他说：“《春秋》之法，以人随君，以君随天，故屈民而伸君，屈君而伸天，《春秋》之大义也。”心性之别——在儒家传统中，孟子是第一位把心、性关联起来讨论的哲学家。他认为心是实行道德的主宰，所以仁、义、礼、智皆根于心，亦由心而发。荀子主张性恶论，努力改恶从善，是从认知方面去把握，心仍然起主宰作用。董仲舒提出性善恶混合的说法，他说：“天有阴阳之施，身亦有贪仁之性。”又说“义以养亦心”，“义制我躬”，董仲舒以天意的观点说性，由“天”或君王的意志行善。

朱熹（1130—1200 年），字元晦，别号晦翁，他所处的年代，无论是民族矛盾，还是阶级矛盾，都异常的

尖锐。他的著作有很多，主要的有《大学章句》《孟子集注》《论语集注》《中庸章句》《太极图解说》《通书解》《正常解》等。朱熹作为程朱理学的著名代表人物，他认为世界上的事物，其所以能存在，都有一个“理”，而且“理”居于“物”中央，发挥着核心的作用。这里的“理”有很多层的含义，任传文先生在《中国传统文化的智慧》一书中做了很好的概括：“首先‘理’的意义是事物的规律，事物的规律是一类事物所共同具有的，是一般的东西，是抽象的，而个别事物则是特殊的东西，是具体的，一般存在于特殊之中，但朱熹把一般和特殊割裂开来，认为‘理’是可以离开具体事物而独立存在，并且是事物的根本，在事物之先；其次，每一事物从生成时便有一个‘理’居于其中，这个理使事物得以生成，并构成事物的本性，即‘理’不仅影响事物的生成，而且决定事物的本性。”朱熹认为“天下未有无理之气，亦未有无气之理”（《语类》卷一）。但他认为理气二者之中，理是第一性的，气是第二性的。他说：“有理便是有气，但理是本。理是根本的，主要的。”从逻辑上讲，“理”在气先。朱熹把它叫做“天理”，即强调理是最高的、绝对的、永恒的和必然的。

陆九渊（1139—1192 年），字子静，号象山，江西金溪人。他与朱熹是同一时期的人，但他认为朱熹的学说过于复杂和烦琐，于是提出了一个简单扼要的办法。他说，理在心中，“心即礼”，因此不必向外多求，只要保圣心之良，就可以达到最高的道德境界。陆九渊说：“人皆有是心，心皆具是理，心即理也。”（《与李审书》）他又把心和宇宙之理统一起来。他说：“心，一心也；理，一理也。至当归一，精义无二，此心此理不容有二。”（《与曾宅之书》）他将“理”和“心”结合在一起，使“心”成为万物存在的根据。

王守仁（1472—1529 年），字伯安，学者称为阳明先生。浙江余姚人。他不仅是一位杰出的哲学家，还是一位有能力、有道德的政治家。据黄梨洲说：“王守仁在三十七岁以前，曾经历三变：泛滥于词章；出入于佛、老；龙场悟良知；三十七岁以后，复往三变：以默坐澄心为学的；江右以后，当致良知；晚年多居，所操益熟，所得益化。”他继承并发挥了陆九渊“心即理也”的思想，既“心外无理”。他不但断言“心外无理”而且说“心外无物”“心外无事”，

否认客观世界的存在。他认为，离开人天赋的“良知”，就无所谓万物。他说：“若草木瓦石无人的良知，不可以为草木瓦石矣。岂惟草木瓦石为然，天地无人的良知亦不可为天地矣。”（《传习录下》）同时他否认客观规律不是依人的意识转移的观点。他说：“夫物理不外吾心，外吾心而求物理，无物理矣。遗物理而求吾心，吾心又何物耶?”（《答顾东桥书》）

3. 儒家文化对中国社会的影响

王钧林在《儒家文化：定位、定义与功用》中提到：“两千多年的中国封建社会里，儒家文化一枝独秀，占据了正统地位，然而，它却不是孤立的、纯粹的存在，而是和其他文化与文化因素杂处在一起。这表现了社会文化现象的复杂性。”占据统治地位或主导地位的儒家文化很少遭遇挑战，因为有实力向其发起挑战的实在少见，屈指可数的只有道教文化和佛教文化。但是儒释道三教鼎立的状况，仅仅维持了几百年的时间，而且即使在那段时间，佛教文化和道教文化也没有动摇儒家文化的正统地位。只是出现了三教皆务于治、各有特长的情况，即“以佛治心，以道治身，以儒治世”。儒家文化兼济天下的情怀，培育、突出了关注国是民生的历史责任感。儒家入世的立场、忧患的紧张和“治平”的理想以及“舍我其谁”的胸怀所寄托的是社会的命运与国家的前途，于是有范仲淹的“先天下之忧而忧，后天下之乐而乐”，有了仁人志士的“为天地立心，为生民立命，为往世继绝学，为万世开太平”的远大抱负；并最终衍成了“国家兴亡，匹夫有责”的高度爱国情怀。胡发贵在《儒家文化与中国古代社会的认同与凝聚》一文说：“儒家文化中这类一贯的主流见解经历代仁人志士的推行，遂强化、积淀为古代中国一种主导性的文化精神和文化氛围，这就是‘兼济天下’的忧国忧民。在此精神的熏陶下，群体的安危、国家的兴亡化为普遍的义务和责任，而不再只是‘肉食者谋之’所谓‘位卑未敢忘忧国’正谓此。”虽然中华民族族类众多，但对于儒家文化的崇信是不分语言、地域和民族的，经过漫长时间的洗礼，儒家文化成为人们的精神故乡，像一条无形的、但却坚不可摧的精神纽带，系扣着所有人的心灵。这种强大的向心力和凝聚力促成了英国历史学家汤恩比博士所说的：“在近 6000 年的人类历史上，出现过 26 个文明形态，但是只有中华文明是延续至今从未中断过的文明。”

三、佛教的信仰文化

（一）佛教信仰

作为一种外传的宗教信仰——佛教，它产生于公元前 6 世纪的古代印度，当时的印度正在经历着急剧动荡的社会变迁，佛教的产生顺应了时代的要求，

它的教义是佛教创始人在特定历史条件下精心构建的一套哲理化、规范化的信条体系。主要有“四圣谛”“八正道”“十二因缘”“三法印”等。正如汪建武在《论佛教的信仰特征》中概述的：“它的基本教义反映了不能掌握自己命运的人的自我感觉和自我意识，迎合了被压迫者心灵的叹息，表达了人们‘理智迷误’的追求。”但是古代中国是宗法社会，特别强调养亲、事亲、尊亲、孝亲，重视孝道。然而，当印度佛教传入中国以后，佛教的出世主张使得人们厌烦尘世，不再顾及养亲、事亲、尊亲、孝亲，于是被视为违反自然人伦和政治伦理，辞亲割受、子孙断绝、不拜祖宗、不事王侯等事情常常发生。在儒家重孝思想压力下，佛教不得不作出回应和妥协。正如崔峰在《北周民众佛教信仰研究》中阐述的：“佛教用孝的观点阐释佛经，编造重孝的‘伪经’，撰写论孝的文章，以及每年的 7 月 15 日举行盂兰盆供，超度祖先亡灵等等，竭力调和出家修行与孝亲间的矛盾。中国佛教伦理这种容受孝道、突出孝道，正好体现了中国世俗伦理的重心，具有不可动摇的维系家庭和社会的作用，符合中国社会的需要。”

（二）佛教文化

1. 佛教的引入及发展历程

关于佛教传入中国的时间，长期以来，莫衷一是，有的甚至添加了许多神话色彩。从古到今，人们谈论最多的就是汉明帝夜梦金人，遣使求法，引入佛

教的故事。这一说法最早见于《四十二章经》《牟子理惑论》《老子化胡经》。故事的内容是东汉年间（58—75年），汉明帝夜梦神人，身上放光，在殿前飞绕而行。次日会集群臣，问这是何神，有通人傅奕回答：听说西方有号称为“佛”的得道者，能飞行虚空，身有日光，帝所梦见的就是佛。于是汉明帝遣使西行，在大月氏抄回佛经四十二章，藏在兰台石室。这一传说故事中，虽有神话的成份，但基本情节尚属可信，但还不能作为佛教最初传入的记录。只能说明当时已有佛教在民间流传，只是未能传到宫廷而已。此外，在《后汉纪》《后汉书》等魏晋南北朝人士的著作中，我们也可见对此事的论述，可见当时这一故事在社会上已广为流传。

如果此时不是佛教的传入时期，那么佛教是何时传入的呢？有人根据《山海经·海内经》中有“天毒之国，偎人而爱人”之说，认为在上古三代时就有佛教。也有人以《列子》中“周穆王时西极有化人来”之说，主张周代已有佛教流传。另外，还有秦始皇时有外国僧人来华传教的种种说法，但还是缺乏史料依据。而在裴松之所注《三国志》中，引用了三国时魏国钱豢所著《魏略·西戎传》，关于汉哀帝元寿元年（公元前2年）博士弟子景庐受大月氏王使臣伊存口授《浮屠经》的记录，并解释说“复立（豆）者，其人也。《浮屠》所载临蒲塞、桑门、伯闻、疏间、白疏间、比丘、晨门、皆弟子号。”大约公元1世纪时，大月氏成为中亚地区一个佛教中心。汉代许多从事经商的月氏人来华，同时也带来一些佛教经典，所以在汉哀帝时，由月氏王派人来汉地传播佛教，是完全可能的。综上所述，大约在两汉之际，印度佛教开始传到我国内地。

佛教在中国的发展大致可分为三个阶段：

首先是魏晋南北朝时期，北魏时，佛寺多达3万余所，出家僧尼达200余万人。南朝梁武帝是一位不做君主而愿做法王的皇帝。他笃信佛教，三度舍身入同泰寺，并在宫中建戒坛，仅建康一地，就有佛寺500余所，僧尼10万人。而且这些佛教寺院都拥有独立经济，占有大量的土地和劳动力，形成了特殊的僧侣地主阶层，并积极参政议政。

第二阶段是隋唐时期，据《历代三宝纪》卷第十二中记载，隋文帝崇信佛教，发布诏令，百姓可以自由出

家，并按人口比例出家和建造佛像。在最高统治者的提倡下，全国建立寺塔5000所，佛像数万身，有专职僧尼50余万人，人间变成了佛国。隋文帝被称为“大行菩萨国王”。李唐时期，虽然李渊以道教教主为祖，但一代女皇武则天却信奉佛教，曾于感业寺戴发修行的她在登基之后，大力提倡佛教，到处建造佛像、明堂、天枢，使得佛教势力膨胀。寺院可与宫室相媲美，极尽奢华。

最后一个阶段是五代以后的时期，自十三世纪初叶，元太祖成吉思汗就曾命其子孙，给各种宗教以平等待遇。据《新元史·释老传》中记载：“元世祖忽必烈在即位前，即邀请西藏地区的名僧八思巴东来，即位后，奉为帝师，命掌理全国佛教，兼统领藏族地区的政教。八思巴圆寂后，他这一系的僧人继续为元帝师的有亦怜真、答儿麻八剌乞列、亦摄思连真、乞剌斯八斡节儿、辇真监藏、都家班、相儿家思、公哥罗古罗思监藏班藏卜、旺出儿监藏、公哥列思八冲纳思监藏班藏卜、亦辇真吃剌失思等喇嘛。”据宣政院至元二十八年（1291年）统计：元代全国寺院24318所，僧尼合计213148人，若将私度僧尼也算在内，恐怕还不止此数。明代的佛教，因太祖早年出身于僧侣，所以对于佛教着重发展。因此汉地传统的佛教各宗派如禅、净、律、天台、贤首诸宗得到很快的发展。在成化十七年（1481年）以前，京城内外的官立寺观，多至639所。后来继续增建，以致“西山等处，相望不绝。自古佛寺之多，未有过于此时者”。清代佛教是从清顺治至宣统年间的佛教。清朝对于佛教的政策几乎完全是继承明代的。在康熙《大清会典》（卷七十一）中详细记载着在管理方面仿照明代僧官制度，在京设立僧录司，所有僧官都经礼部考选，吏部委任。各州府县僧官，则由各省布政司遴选，报送礼部受职。所有僧官的职别名称，都和明代无异。所以佛教在清代也得到了政策的支持，官方的拥戴下，据康熙六年（1667年）礼部统计：各省官建大寺60073处，小寺6409处；私建大寺8458处，小寺586812处。僧众110292人，尼众8615人。寺庙共79622处，僧尼合计118907（《大清会典》卷十五、“礼部方伎”）。

2. 佛教文化的主要代表人物

佛祖释迦牟尼佛，本是古印度迦毗罗卫国（今尼泊尔境内）的太子，属刹帝利种姓。父为净饭王，母为摩耶夫人，佛为太子时名叫“乔达摩·悉达多”，

意译为“一切义成”。太子天资聪颖，幼年就通达五明、四吠陀(古印度传统思想)，并且相貌英伟，具足三十二相，八十种好，无人能及。在佛陀19岁时，由城之四门出游，有感于人世生、老、病、死等诸多苦恼，深感人生之苦痛与无常，从此萌生出家修道之志。35岁在菩提树下悟道，遂开启佛教，弘法49年。年80岁左右在拘尸那迦城示现涅槃。据佛经记载，在49年的弘法生涯中，最初佛陀直畅本怀，宣演《华严经》二十一日，后观机逗教，又说《阿含经》十二年，《方等经》八年，《般若经》二十二年，《法华经》和《涅槃经》共八年，这是大会式的宣讲，而对于个人各别的教化，不知说过无量数次。佛陀因材施教，点化迷萌，感化无量数人求皈受戒，改恶修善，得大解脱，了悟无上菩提。其中有十个人特别出众，就是后人所说的十大弟子，他们皆具众德而各有专长，关于此十大弟子，《维摩经》卷上《弟子品》、《灌顶经》卷八、《出三藏记集》卷十二均有记载。“头陀第一”——摩诃迦叶尊者，“持律第一”——优波离尊者，“密行第一”——罗侯罗尊者，“智慧第一”——舍利弗尊者，“解空第一”——须菩提尊者，“说法第一”——富楼那尊者，“天眼第一”——阿那律尊者，“神通第一”——摩诃目犍连尊者，“论义第一”——摩诃迦旃延尊者，“多闻第一”——阿难尊者。

华夏第一僧严佛调

严佛调，生卒年月不详，大约生活于2世纪，他不但是中国佛教史上最早出家的僧人，也是汉人中第一位佛教学者，从事佛典翻译和著述。关于他的情况，最早见于梁僧佑《出三藏记集》卷十三与慧皎《高僧传》卷一。唐智升经过考订，认为严佛调译经有五种。

般若学者支楼迦谶

支楼迦谶与严佛调大约处于一个世纪，简称支谶，他是中国佛教史上翻译大乘经典的第一人。据梁慧皎《高僧传》卷一《汉洛阳支楼迦谶传》云载：支谶“操行纯深，性度开敏，禀持法戒，以精勤著称。”由此可见支谶不仅是一位大乘经典的翻译家，而且是严持戒律的佛法修持者。公元167年（汉恒帝末年），支谶来到中国洛阳，在光和、中平年间（178—189年），译出很多大乘经典，但都下落不明。但是根据梁《高僧传》卷一《汉

洛阳支楼迦谶传》中的记载，我们可以知道关于支谶的译经：支谶“传译梵文，出《般若道行》、《般舟》、《首楞严》等三经，又有《阿阇世王》、《宝积》等十余部经，岁久无录。”但这只简单地提到支谶译经的概况，具体经名大多未列。

少林寺的创立者——跋陀

跋陀，又名佛陀，天竺（印度）人。北魏孝文帝时来中国传播佛教。据说佛陀住在康家所造的别院时，曾显示灵异。《续高僧传》卷十六说，有一小儿从门缝窥视，见室内熊熊火焰，惊告姓康的主人，待康家的人都来观看时，并无火焰。因此就有人说佛陀是得了道的人。如果这种奇特的现象属实，或即佛家传说的“三昧火”。北魏迁都洛阳，孝文帝在洛阳为他建造寺院。这座寺院即现在的少林寺，跋陀是为第一位住持。他在寺内翻经台翻译了《华严》《涅槃》《维摩》《十地》等经，他的徒众亦多，但能够称得上他的入室弟子的，只有慧光和道房二人。慧光后来成为《地论》师南道派的首领，而道房才是继承他禅法的人。年老后，跋陀迁居少林寺外，直到圆寂。

禅宗初祖——达摩

达摩，天竺（印度）国香至王第三子，姓刹帝利，本名菩提多罗。梁大通元年（527 年）从广州登陆，到中国传播佛教。达摩“一苇渡江”入北魏境，先游历了洛阳，后到少林寺，在五乳峰上一个石洞里面壁静修九年。他依据大乘派教义，融汇中国精神，开创了中国佛教禅宗，被尊为初祖，后将衣钵传给了慧可。东魏天平三年（536 年）达摩圆寂，葬于熊耳山，立塔于定林寺。

禅宗二祖——慧可

慧可是洛阳人，俗姓颐。四十岁时拜达摩为师。为表求道决心，慧可竟用刀自断左臂，奉献达摩座前。感其赤诚，达摩授法器、赐法名，收他为传法弟子。慧可为禅宗二祖。他在少林寺西南山上养伤时的住所和石台，后成为二祖庵和养臂台，遗迹尚存。

“唐僧”——玄奘

玄奘（600—664 年），中国佛教史上著名的翻译家。洛阳人，俗家姓陈，幼年时代，即随其兄住洛阳净土寺。《续高僧传》卷四《玄奘传》说他“自尔卓然梗正，不偶朋流，口诵目缘，略无闲缺”。作为著名的佛教经典翻译家，玄

奘精通汉梵语言，一生有大量的佛教经典译作流传后世。

净土宗初祖——释慧远

释慧远（334—416 年），晋代著名高僧，被尊为净土宗初祖。他严持戒律，学识渊博，对佛教事业贡献巨大。他主持的庐山东林，成为当时南方佛教的中心。那时流行于南方的佛经，很多都是不完备的、残缺的，所以慧远为了完备佛经，就命他的弟子法净、法领等人赴西域寻求圣典。他们渡流沙越雪岭，经过数载，均有所获，并从梵译汉，流传于江左。后有罽宾沙门僧伽提婆，因关中战乱，于晋太元十六年（391 年）移锡江南，慧远得知，即迎往东林，请译《阿毗昙心论》及《三法度论》，慧远亲自为之作序，使其得以流传。

神异名僧——佛图澄

佛图澄（232—348 年），以神异著名之西域僧人。据有关史书记载，他身长八尺，风姿娴雅，不仅妙解深经，而且傍通世典，“讲说之日，止标宗致，使始末文盲，昭然可了”。梁慧皎《高僧传》卷九说他“清真务学，诵经百万言，善解文义”。佛图澄尤重戒律，过午不食。对古传律典，亦多所考订。入室弟子道安在《比丘大戒序》中说：“我之诸师，始秦受戒，又之译人考校者尠，先人所传相承谓是，至澄和上，多所正焉。”他于晋怀帝永嘉四年（310 年）来到洛阳，受到石勒的热情招待。不仅石勒，石虎也非常推崇佛图澄。他曾下诏曰：“和上（按指佛图澄），国之犬宝，荣爵不加，高禄不受。荣禄匪及，何以旌德？从此以往，宜衣以绫锦，乘以雕辇。朝会之日，和上升殿，常侍以下，悉助举舆：太子诸公，扶梁而上：主者唱大和上至，众坐皆起，以彰其尊。”又敕“司空李农旦夕亲问，太子诸公五日一朝，表朕敬意”。后赵建武十四年（348 年）圆寂，高龄 117 岁。

“刻经僧”——释妙空

释妙空（1826—1880 年），自号“刻经僧”，晚清时，曾为刻经事业作出突出贡献。江苏扬州人。同治五年（1866 年）出家，法名妙空。与浙江杭州许云虚、安徽石埭杨文会、扬州藏经院贯如一起，同时发心刻印佛经。他先后十五年，他创办苏州、常熟、浙江、如皋与扬州等地刻经处五所，但以扬州统摄其事，成为一刻经系统。他一生除从事著述

外，就是刻经。据有关资料记载，妙空刻经近三千卷。汇刻成为《楼阁丛书》，其书目如下：《求生捷径》《普救神针》《百年两事》《身心性命》《泗水真传》《西方清净音》《莲邦消息》《礼斗圆音》《地藏空忏》《施食合璧》《四十八镜》《空色灯云》《弥陀经论》《华严小忏》《华严大忏》《华严念佛图》《五教说》《婆罗门书》《镜影钟声》《虚空楼阁》《楼阁忏》《楼阁真因》《楼阁问答》《楼阁音声》《地藏经论》。此外，尚有《如影观》《如影论》二书，系其友人所作；《水陆通论》一书，系其父咫观所作。三书皆收入《楼阁丛书》。

3. 佛教文化对社会的影响

大约公元1世纪时，大月氏成为中亚地区一个佛教中心。汉代许多从事经商的月氏人来华，同时也带来一些佛教经典，汉哀帝时，由月氏王派人来汉地传播佛教，大约在两汉之际，印度佛教开始传到我国内地，但他作为一种主要的力量对中国文化产生显著影响是在魏晋南北朝时期。此时期是中国佛教发展的最初阶段，但是由于上层社会的推崇和皈依，使得全社会掀起崇佛热潮，诸多的佛教经典被翻译为汉语。渐渐的佛教融入人民的生活，开始成为“中国化”的佛教。对后代的社会文化、文学艺术都产生了深刻的影响。

因为佛教主旨是发扬佛的慈悲心，救济世人，造福百姓。基于此，佛教徒热衷于社会救济事业，服务大众，以求功德圆满。据徐松《宋会要辑稿》中记载：孝宗乾道八年(1172年)五月二十八日，饶州知州王柜言奉诏贩济饥民，下令“僧绍禧、行者智修煮粥，供赡51365人。僧法传、行者法聚主粥，供赡38516人。诏僧绍禧、法传各赐紫衣，行者智修、法聚各赐度碟披剃”；同治《九江府志》卷41《方技》中记载：沙门洪蕴亦以善医工诊切，“每先岁时言人生死多中，赐紫方袍，号广利大师，一时称药王再现”；《雍正《饶州府志》卷31《仙释》中记载：饶州永宁寺用言和尚，制成一药方名为“脾积丸”，“授寺僧嘱曰其药甚效，留此为塔中灯油费耳”。除了治病救人，帮助劳苦大众以外，“安设桥梁”也是佛教福田思想之一。因僧人具有极高的威望，易于从官吏与民众那里募得钱财与人力的资助。据著名宗教家方豪统计，在《古今图书集成》及各方志所记载的各类桥梁中，其中由寺院募建者，在浙江、广东占

15%，在江西、江苏均占 27%，而在福建居然占到桥梁总数的 54%。

佛教认为：主体与客体、人与自然、物质与精神是不可分割的统一体。生和死是一体，出生是这一世的开始，死亡是来世的开始，就这样一直循环，前世、今世、来世至无数世像一个圆环一样不停的运转。赵劲在《佛教与艺术审美》中讲到："人的物质(现实)存在仅是一瞬间的，是不稳定的、捉摸不到的和不可解释的存在，是意识和心理过程的相关物，即所有因素合起来而形成意识流、连续流或一种活的东西，不可能被认识和解释，它只能被感受到。因此真正的佛教徒应当努力摆脱这些不稳定的状态和这种相对的存在，去获得稳定的和永恒的精神存在即佛教境界。"这种意识性的、不稳定的状态与艺术追求的过程十分接近。于是，佛教徒便借助艺术想象来达到这种状态。期望在艺术里创造出生命闪光的独特氛围，以敦煌壁画为例，针对人必须面对的诸多困惑，如：不可避免的死亡、现实中的烦恼、饥饿、病痛、贫穷、战乱等等，它给人们的绝望多于希望。而与现实相对应的"西方净土"却是另一番景象，在那里没有贫穷与饥饿，没有痛苦，没有争执，所有"人"都其乐融融。敦煌壁画中美好的世界，对人类来说是不可能和无法达到的。然而，这作为无法完成的追求，可以通过精神的憧憬而获得实现。

综上所述，我们可以看到，佛教对中国文化的影响是很深刻的。这里只谈到了两个方面，至于佛教的制度、仪式和佛事等活动，对于文化的影响也是巨大的。这主要是佛教文化与中国传统文化有些内容本质是相同的，比如"孝道""慈悲""谦让"等等，因而两者可以融汇贯通。

四、道教的信仰文化

（一）道教信仰

作为中国土生土长的宗教信仰，道教是以“道”为最高信仰的中国传统宗教。正如刘守华在《道教与中国民间故型》中讲述的：“在道教信仰中，‘道’是统摄宇宙万物运动变化的虚无玄妙之物。修炼得道即可长生不死；飞升成仙，并能通达宇宙奥秘，成为无所不能的强者。神仙就是得道者。先天神圣为道之化身。凡夫俗子在明师导引下通过勤苦修炼即可成仙。甚至自然界鸟兽花木之精灵，也可以加入修道者的行列而攀登仙界。道教设置了一个以仙道为中心，上至玉皇大帝，下至土地、灶神，和人间社会相对应的完整的神鬼系统，又构想出了变化飞升，炼丹行气，符录禁咒等一系列神秘道术。”在道教神秘幻想中，时时贯穿着珍爱生命和珍惜现世生活以及渴望发挥人的潜能创造奇迹的思想。从流传至今的民间故事中我们可以清晰地看到这一思想：

第一、水鬼与渔夫型：水鬼与渔夫交友，渔夫一再破坏水鬼“找替身”的计划，最后水鬼因积德行善而受玉帝褒奖，迁升为城煌或土地。

第二、彭祖型：彭祖有道长生不死，阎王令小鬼前往拘拿，每次均受彭祖捉弄，狼狈而归。也有讲彭祖因受妻子之累而被捉走的。

第三、卖鱼人遇仙型：卖鱼人偶遇仙人，仙人赠宝珠（仙丹）一颗，可使腐烂之鱼变得鲜活，他从此发家致富，或弃家学道。恶人夺珠受惩罚。

第四、三句好话型：勤劳善良的主人公偶遇仙人，仙人送给他三句应急话语，他一一照办，全部应验，每次均逢凶化吉。以上四个故事引自钟敬文先生1932年发表的《中国民间故事型式》。

这些例子并非纯粹的宗教故事，而是融宗教性、世俗性于一体的地道的中

国民间故事。它所包含的内容及其象征意义都深深扎根于本民族的文化背景之上，世世代代的影响着中国人民。

（二）道家文化

1. 道教的形成及发展历程

“道教”这一称呼最初不是专指道教的，反而诸子百家中许多人都曾经以“道”来称呼自已的理论和方法。例如：儒家、墨家、道家、阴阳家甚至佛教都曾经由于各种原因自称或被认为是“道教”。儒家最早使用“道教”一词，将先王之道和孔子的理论称为“道教”。佛教刚刚传入中国时，把“菩提”翻译成“道”，因此也被称为“道教”。直到东汉顺帝年间，张陵学道于蜀郡，招徒传教，信道者出米五斗，故称“五斗米道”。其孙张鲁保据汉中多年，后又与最高统治当局合作，使得“五斗米道”的影响从西南一隅扩散到海内，遂为道教正宗。自称为“道教”，自此，其他各家为了以示区别，也就不再以“道教”自称。

道教的形成，与当时社会上流行的黄老之学、鬼神迷信是分不开的。它的形成有两个标志性的事件，一个是东汉顺帝时（126—144 年），于吉、宫崇所撰的《太平清领书》出世，得到广泛传播。另一个是在东汉灵帝时，张角奉《太平清领书》传教，号为太平道，张角的信徒遍布天下九州，颇具影响力。

道教的发展一般分为四个时期，汉魏两晋的起源时期、唐宋的兴盛、元明期间全真教的出现和清以后衰落。魏晋南北朝时期，随着炼丹术的盛行和相关理论的深化，道教获得了很大发展。东晋建武元年，葛洪对战国以来的神仙家理论进行了系统的论述，著成《抱朴子》，是道教理论的第一次系统化，丰富了道教的思想内容。南北朝时，寇谦之在北魏太武帝支持下建立了“北天师道”，陆修静建立了“南天师道”。唐宋时期，唐高祖李渊认老子李耳为祖先，道教地位迅速提高，被列为三教之首。唐太宗执政后，在茅山为王远知建一所太平观，以示崇敬。他的儿子唐高宗下诏追封老君为“太上玄元皇帝”尊号，令天下各州皆置道观一所。唐明皇更是一位狂热迷信神仙道教的帝王。

他不仅尊崇太上老君，而且对其他道教祖师真人也给予一定荣誉地位。

公元748年，玄宗亲自于大同殿接受上清派经书符策，在著名道士张果被召入宫后，他还想把公主嫁给张果。到了宋朝，宋真宗、宋徽宗也极其崇信道教，道教因而备受尊崇，成为国教。此时出现了茅山、阁皂等派别，天师道也重新兴起。元朝时，在北方出现了王重阳创办的全真道。后来，王重阳的弟子丘处机将全真教发扬光大。他曾为蒙古成吉思汗讲道，颇受信赖，并被元朝统治者授予主管天下道教的权力。而同时，为应对全真道的迅速崛起，原龙虎山天师道、茅山上清派、阁皂山灵宝派合并为正一道，尊张天师为正一教主，从而正式形成了道教北有全真、南有正一两大派别的格局。明清时代，由于统治者信奉藏传佛教，并压制主要为汉族人信仰的道教。道教从此走向了衰落。道教重生恶死，追求长生不老，认为人只要善于修道养生，就可以长生不老，得道成仙。

2. 道教的主要代表人物

道教以太上老君（即道德天尊）为教主，其实就是老子。此外道教的至尊天神在道经中还有其他说法，一是以玉清元始天尊为最高天神，二是以上清灵宝天尊为最高天神，三是以太清道德天尊为最高天神。后来又演变成三位一体的“老子一气化三清”。

老子从传说中一个凡人，被奉为脱离尘世的神仙教祖——“太上老君”，经历了道教发展史上一个漫长的造神过程。老子是第一位站在中国哲学史起点上的哲学家，是第一位从宇宙观的高度考察自然、社会和人生问题的中国思想家，自然而然成为中国第一位用新的宇宙观来代替上帝神学统治的人。在这一新的宇宙起源学说的基础上，老子提出了两个重要的思想，即：“天下万物生于有，有生于无。”“道生一，一生二，二生三，三生万物。万物负阴而拒阳，冲气以为和。”在老子看来，万物各有不同，极其复杂，但都是从简单的事物发展而来的，于是老子认定万物必定是从某一最简单的事物中产生的。而这个开端、起源绝不能是有形有相的具体存在物的“有”，只能是“有”的对立面无形无象的“无”，这就是老子思维的终极点。正如赵保佑在《老子、道教、道教文化》一文中概述的一样：宇宙的最初起源是“无”，它本没有名字，可以称它为“道”，

“无”生“有”的演进过程是“道(即无)生一，一生二，二生三，三生万物”。这与古印度释迦牟尼一开始就是宗教家并创立佛教的性质完全不同，老子的著作《老子》，虽然只有五千言，但言简意赅，内涵丰富，是从学术性角度出发，并非宗教性的，与佛教经典也完全不同。

最早传说老子其人的是汉代大史学家司马迁。在他著名的《史记·老子韩非列传》中是这样记述老子的：“老子者，楚苦县厉乡曲仁里人也，姓李氏，名耳，字聃，周守藏室之吏也。……老子修道德，其学以自隐无名为务。居周久之，见周之衰，乃遂去。至关，关令尹喜曰：‘子将隐矣，强为我著书。’于是老子乃著书上下篇，言道德之意五千余言而去，莫知其所终。”他在《史记·老子韩非列传》还把老子的世系写得清清楚楚：“老子之子名宗，宗为魏将，封于段干。宗子注，注子宫，宫玄孙假，假仕于汉孝文帝。而假之子解，为胶西王卬太傅，因家于齐焉。”可见老子是有名有姓，有国有县，有乡有里，有子有孙的一般人，而非神仙。由于老子地位的日益显荣，所以关于老聃其人也有了种种传说。但司马迁在本着“择其言优雅者”。如在《史记·老子韩非列传》记述了孔丘适周问礼于老聃后，孔丘对老聃的一番赞叹：“(孔子)谓弟子曰：‘鸟，吾知其能飞；鱼，吾知其能游；兽，吾知其能走。走者可以为罔，游者可以为纶，飞者可以为缴；至于龙，吾不知其乘风云而上天。吾今日见老子，其犹龙邪?’”又云：“盖老子年百六十余岁，或言二百余岁，以其修道而养寿也。”这些赞语，据有人考证，认为源出于《庄子·天运篇》：“孔丘见老聃归，孔丘曰：吾乃今于是乎见龙。”正是这些取材于道家传说的孔子问礼于老子的故事，以及老子修道养寿，活到一百六十岁或二百余岁的传说，为老子增添了浓厚的神秘感。

晋代葛洪在《抱朴子内篇卷十五·杂应》中进而编造了老子的神像真形：“老君真形者，思之，姓李，名聃，字伯阳，身长九尺，黄色，鸟喙，隆鼻，秀眉长五寸，耳长七寸，额有三理上下辙，足有八卦，以神龟为床，金楼玉堂，白银为阶，五色云为衣，重叠之冠，锋之剑，从黄童百二十人，左有十二青龙，右有二十六白虎，前有二十四朱雀，后有七十二玄武，前道十二穷奇，后从三十六辟邪，雷电在上，晃晃昱昱，此事出于仙经中也，见老君则年命延长，心如日月，无事不知也。”经葛洪绘声绘色的描

述，一个超凡脱俗的神仙老子形象，赫然屹立在人前。使得后来道士们为扩大道教的影响，提高自已的地位，常假托“太上老君”之名，编织扑朔迷离的神仙故事，以获取人们的尊崇。

庄子（约前369—前286年），名周，字子休，后人称之为“南华真人”，战国时期宋国蒙人。著名的思想家、哲学家、文学家，老子哲学思想的继承者和发展者，先秦庄子学派的创始人。后世将他与老子并称为“老庄”，他们的哲学为“老庄哲学”。他的哲学思想主要是接受并发展了老子的思想。他认为“道”是超越时空的无限本体，它生于天地万物之，而又无所不包，无所不在，表现在一切事物之中。然而它又是自然无为的，在本质上是虚无的。“天”是与“人”相对立的两个概念，“天”代表着自然，而“人”指的就是“人为”的一切，与自然相背离的一切。“人为”两字合起来，就是一个“伪”字。他认为真正的生活是自然而然的，不需要去教导什么，规定什么，而是要去掉什么，忘掉什么。而那些政治宣传、礼乐教化、仁义劝导无外乎都是人性中的“伪”，所以要摒弃它。如果人们不能舍弃这些东西，那他活在世上，犹如“游于羿之彀中”充满危险。羿指君主，彀指君主的刑罚和统治手段。对于君主的残暴，庄子是一再强调的：“周闻卫君，其年壮，其行独；轻用其国，而不见其过；轻用民死，死者以国量乎泽若蕉，民其无如矣。”所以庄子不愿去做官，因为他认为伴君如伴虎，只能“顺”。“汝不知夫养虎者乎！不敢以生物与之，为其杀之之怒也；不敢以全物与之，为其决之之怒；时其饥饱，达其怒心。虎之与人异类而媚养已者，顺也；故其杀者，逆也。”还要防止马屁拍到马脚上：“夫爱马者，以筐盛矢，以蜃盛溺。适有蚊虻仆缘，而拊之不时，则缺衔毁首碎胸。”庄子认为人生应是追求自由。

庄周和他的门人以及后学者著有《庄子》（被道教奉为《南华经》），道家经典之一。《汉书·艺文志》著录《庄子》五十二篇，但留下来的只有三十三篇。其中内篇七篇，一般定为庄子著；外篇杂篇可能掺杂有他的门人和后来道家的作品。他的文章具有浓厚的浪漫主义色彩，想象力很强，并采用寓言故事形式，富有幽默讽刺的意味，对后世文学语言有很大影响。还有一些庄子的典故和寓言对后世也有很大影响。

如《庄子·秋水》载：惠施在梁国作了宰相，庄子想去见见这位好朋友。有

人急忙报告惠子，道：“庄子来，是想取代您的相位哩。”惠子很恐慌，想阻止庄子，派人在国都中搜了三日三夜。哪料庄子从容而来拜见他道：“南方有只鸟，其名为鹓雏，您可听说过？这鹓雏展翅而起。从南海飞向北海，非梧桐不栖，非练实不食；非醴泉不饮。这时，有只猫头鹰正津津有味地吃着一只腐烂的老鼠，恰好鹓雏从头顶飞过。猫头鹰急忙护住腐鼠，仰头视之道：“吓！现在您也想用您的梁国来吓我吗？”

一天，庄子正在涡水垂钓。楚王委派的两位大夫前来聘请他道：“吾王久闻先生贤名，欲以国事相累。深望先生欣然出山，上以为君王分忧，下以为黎民谋福。”庄子持竿不顾，淡然说道：“我听说楚国有只神龟，被杀死时已三千岁了。楚王珍藏之以竹箱，覆之以锦缎，供奉在庙堂之上。请问两位大夫，此龟是宁愿死后留骨而贵，还是宁愿生时在泥水中潜行曳尾呢？”两位大夫道：“自然是愿活着在泥水中摇尾而行啦。”庄子说：“两位大夫请回去吧！我也愿在泥水中曳尾而行哩。”

庄子与惠子游于濠梁之上。庄子曰：“儵鱼出游从容，是鱼之乐也。”惠子曰：“子非鱼，安知鱼之乐？”庄子曰：“子非我，安知我不知鱼之乐？”惠子曰：“我非子，固不知子矣；子固非鱼也，子知不知鱼之乐全矣。”庄子曰：“请循其本。子曰‘汝安知鱼乐’云者，既已知吾知之而问我，我知之濠上也。”

《庄子·山木》载：一次，庄子身穿粗布补丁衣服，脚着草绳系住的破鞋，去拜访魏王。魏王见了他，说：“先生怎如此潦倒啊？”庄子纠正道：“是贫穷，不是潦倒。士有道德而不能体现，才是潦倒；衣破鞋烂，是贫穷，不是潦倒，此所谓生不逢时也！大王您难道没见过那腾跃的猿猴吗？如在高大的楠木、樟树上，它们则攀缘其枝而往来其上，逍遥自在，即使善射的后羿、蓬蒙再世，也无可奈何。可要是在荆棘丛中，它们则只能危行侧视，怵惧而过了，这并非其筋骨变得僵硬不柔灵了，乃是处势不便，未足以逞其能也，“现在我处在昏君乱相之间而欲不潦倒，怎么可能呢？”

王重阳（1112—1170 年）全真道创始人。原名中孚，字允卿。入道后，改名嚞，字知明，号重阳子。金大定元年(1161 年)，在南时村挖穴墓，取名“活死人墓”，自居其中，潜心修持二年。三年，功成丹圆，迁居

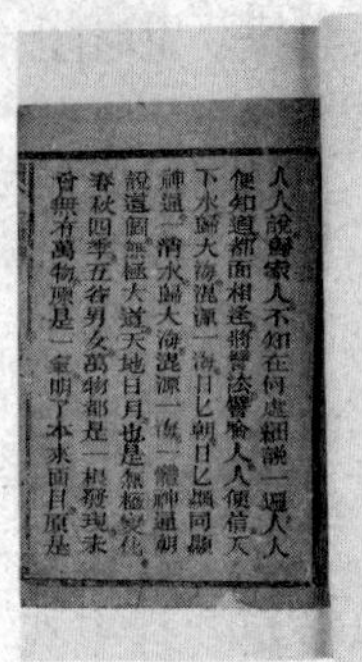

人人說曾宗人不知在何處細說一遍人人
便知道都面相逢將譬法譬喻人人便信天
下水歸大海混源一海日已朝日已歸同歸
神通一滴水歸大海混源一滴一體神通朝
說道個無極大道天地日月也是無極變化
春秋四季五谷男女萬物都是一根發現未
曾無有萬物原是一靈明了本來面目原是

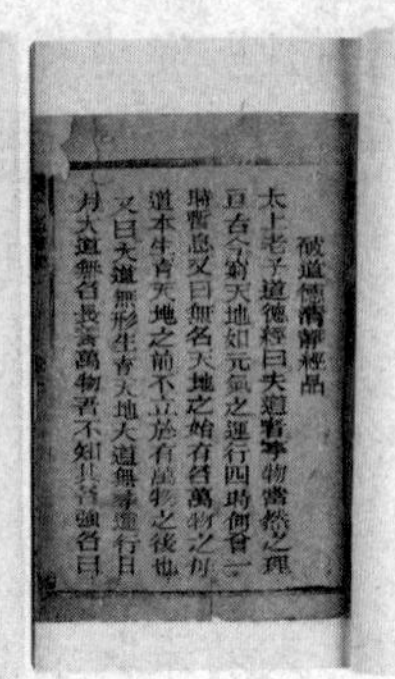

破道德清靜經品
太上老子道德經曰夫道者萬物當然之理
亘古今對天地如元氣之運行四時御日一
聯晝息又曰無名天地之始有名萬物之母
道本生育天地之前不立於有形之後也
又曰大道無形生育天地大道無情運行日
月大道無名長養萬物吾不知其名強名曰

刘蒋村。七年，前往山东布教，建立全真道。其善于随机施教，尤长于以诗词歌曲劝诱士人，以神奇诡异惊世骇俗。在山东宁海等地宣讲教法时，先后收马钰、孙不二、谭处端、刘处玄、丘处机、郝大通、王处一为弟子，后来建立全真教团。收弟子 7 人，后世称全真教七真人。王重阳主张融和道、佛、儒思想于一炉，声称“儒门释户道相通，三教从来一祖风”，并以《道德经》《般若心经》《孝经》为全真道徒必修经典。王重阳不尚符箓，不事黄白，不信白日飞升，以及修炼内丹为成仙证道的手段。他的修炼法用“清静”二字即可概括，为此规定修道者必须出家，除了要除去七情六欲，还要忍耻含垢，苦行苦修。其传世著作有《重阳全真集》，内收传道诗词约千余首，另有《重阳立教十五论》《重阳教化集》《分梨十化集》等，均收入《正统道藏》。

3. 道教对中国社会的影响

道教对中国古代的政治、经济、哲学、文学、艺术、音乐、绘画、建筑、医学、药物学、养生学、气功、化学、武术、天文学、地理都产生了不同程度的影响。此外，它对于中华民族的思维方式、伦理、道德、民俗、民族关系、民族心理、民族性格等各方面也有很深的影响。

在武术方面，据说就是武当山上有许多道士传承的武术。道教的武术也和许多武术不同，讲究圆柔、后发制人，充分体现了道教的教理。其中像太极拳这样的简单武术套路，已经逐渐成为人们的日常健身活动。道教气功也是中国气功中的一大流派，全真道的修炼方法基本上就是气功，对气功的探索和发展，其贡献很大。养生方面，道教的养生术还继承和发展了中国传统医学《黄帝内经》中经络学等方面内容。此外，许多道教徒研习医术，对于中医学发展颇有贡献，如葛洪、陶弘景等人，于中医药皆有所建树。还有道教的炼丹术，对火药的发明有着重要的意义。还有众所周知唐代的大诗人李白，他受道教影响也很深，他曾经游历各地，求仙访道，甚至炼过丹、受过道箓，可以说是位虔诚的道教徒。这段经历给他的个性、诗歌创作乃至一生的际遇都产生了很重要的影响。李白受召入长安，受到许多道士和信仰道教朋友的推荐。寻仙过程中，他游遍五岳，给他带来大量的素材。他的诗歌中也常常出现“仙人”“羽化”

等意念。至于文学方面，人们熟知的中国四大古典文学名著之一的《西游记》，故事虽然讲述的是佛教徒唐僧等四人去西天取经，但全书中使用了大量道教专有的概念如心猿、意马、姹女、元神等，还构筑了一个以玉皇大帝为核心的道教神祉、神官系统。书中也出现了很多道教人物和魔怪，不过多为反面角色。而完全以道教为核心的最著名小说则要数《封神演义》了。书中讲述的商周战争，其实质就是道教的两个派别阐教和截教的斗争。书中出现的各色仙神和宝物等，也全属于道教系统。

道教可分为民间道教和官方道教。所以，道教对中国民族心理的影响，可谓上至帝王将相，中至文人士大夫，下至庶民百姓，其影响力大致可分为以下三个方面：

第一、从统治阶级的角度讲，它为统治阶级提供精神支柱。统治者在取得统治地位之后，总想巩固自己的统治，办法之一就是神化自己的统治，使人们觉得皇权天授，不容置疑；另一方面，统治者总想安享荣华富贵，但生命短暂，转瞬即逝，于是他们就想方设法使生命得以延长，甚至长生不死。这两种思想取向，在道教中都可以得到满足。于是，道教成了上层统治集团的精神支柱。唐高宗追封老子（李耳）为太上玄元皇帝；唐玄宗于各地建玄元皇帝庙，以先祖陪祀；妃嫔公主多信道教，受金仙玉真等封号（如玉真公主、杨玉环等）。这些举措，一方面是借道教神威巩固皇权，另一方面是借以满足个人的精神追求。唐宪宗、唐穆宗、唐敬宗、唐武宗以及一大批重臣名士，都是因为想长生不死，误吃道士丹药中毒而早死的。牟钟鉴在《道教与中国传统文化》一书中提到："明代诸帝以嘉靖佞道最甚。他长年潜居深宫，日事斋醮、炼丹和服食，得宠大臣须能写青词（祷告表文）。道教成了嘉靖皇帝的主要精神慰藉。"

第二、从文人士大夫角度讲，它是文人士大夫的精神归属地。道教与一般的宗教不同，其宗旨是追求长生不死，得道不死；是人相信经过一定的修炼，凡人可以脱胎换骨，直接成仙，它主张人要活得适意、洒脱，超尘脱俗，高雅飘逸。这种思想很迎合文人士大夫的精神需求，特别是当他们在现实生活中受到压抑，失意的时候，他们的灵魂便极其需要一个道教这样的栖息地。如王勃便"常学仙经，博涉道记"（《游山庙序》），常常叹息"流俗非我乡，何当释尘昧"，梦见自己

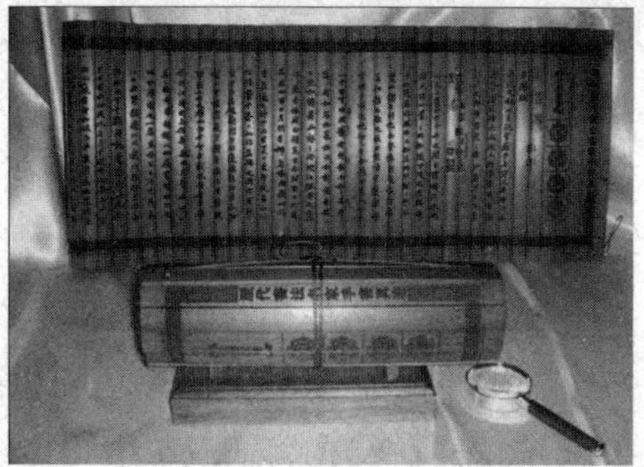

成了仙人（《忽梦游仙》）；卢照邻则“学道于东门山精舍”，还到处乞讨银两和药石来炼丹（《与洛阳名流朝士乞药值书》）；李白更是“清斋三千日，裂帛写道经”（《游泰山》六首），连做梦都想着羽化飞升，“余尝学道穷冥筌，梦中往往游仙山”（《下途归石门旧居》）；就连白居易，也曾炼铅烧汞，学制金丹。

第三、从对百姓信仰的角度讲，它对于民间信仰的影响是最有直接而深广的。一方面，民间道教往往成为社会下层民众反抗朝廷压迫的组织形式。如东汉末张角曾利用传布太平道，进行起义的宣传和组织工作，“十余年间，众徒数十万”，为起义作好了充分准备；北宋的方腊起义，也利用了“吃菜事魔”教进行了宣传组织工作；还有魏晋南北朝的孙恩、卢循的长生党，以“李弘”为名义领袖的多次农民起义，都是在道教的精神感召下发动的。民间道教成了下层民众革命思潮的旗帜。由此可见道教之深入人心。另一方面，明清最盛的民间宗教大量从道教中吸收营养。如白莲教及其众多支派，皆敬奉无生老母，“圣母降身，刀枪不入”，这无生老母就具有道教尊神的威力；又如罗教的“真空家乡无生父母”八字真诀，是发挥佛教性空说、净土说和道教的无为清静说而成的；弘阳教信奉混元老祖，其实就是道教的太上老君。李养正《谈谈道教的几点特征》指出，“正因为道教的理想是要实现一个公平、和平的境地，所以在一定程度上也主张向邪魔妖鬼等恶势力作斗争；正因为道教幻想形体长生不死而成仙，所以在一定程度上鼓励人们与自然作斗争，争取延年益寿，甚至长生不死。”正因为道教有了这些思想指向，才会如此深获众心、深入民心，渗透入中国人思想的每一个角落，渗透入中国民族心理的岩层，成为中国民族心理的一种特质。

其实儒释道三家在长期的交往与冲突中，早已是你中有我，我中有你。但三家并未合并成一家，自始至终保持着各自的特征。徐建勇在《关于儒释道三教融合之管见》中很好的概括了这种状态：“多元一体，和而不同——这正是光辉灿烂的中华文化所具备的内在特质与伟大精神，这个文化把儒家的伦常、道家的超脱与佛教的超越有机地结合在一起，建立起一个立足于现实生活，立足于人的现实完善和内在超越的、结构严谨的价值体系。”林语堂先生也认为中国古代这种以儒家的世俗、功利思想为主体，以道家的遁世与佛教的神学理论为补充的思想结构，适应了中国传统社会各种群体的需要。

岁时文化

在讲究天人合一的中华文化中，岁时文化是与我们的文明相伴而生的，其历史之悠久，内涵之丰富，生命力之强大，已成为与我们日常生活、意识、情感紧密联系又蓬勃律动的鲜活基因。岁时文化可以增进现代人对自然和历史的尊重，岁时文化的来源就是自然物候的变化。春节、元宵节、清明踏青、元宵赏月、重阳辞青等，都是踏着自然的节拍进行的。重视岁时文化有利于我们审视自己，继往开来。

一、悠久的岁时文化

在讲究天人合一的中华文化中，岁时文化是与我们的文明相伴而生的，其历史之悠久，内涵之丰厚，生命力之强大，已成为与我们日常生活、意识、情感紧密联系又蓬勃律动的鲜活基因。

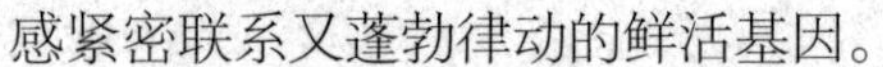

追根溯源，“岁”的本意有些出人意料，它原指我国上古时期一种残酷的砍人双足的刑罚。当时的统治者每年都要举行一次大规模的祭祀活动，而这种祭祀活动就包括杀人祭祀。

后来，“岁”就被假借为祭祀之礼的代称。逐渐地，“岁”字也具有了“年”的含义，于是“岁”就衍生出岁月、时间的意思。由此可见，广义的“岁时”就是时间、岁月；狭义的“岁时”就是指与我们的生活与文明相关，被赋予丰富文化内涵和感情寄托的节气、节日，而“岁时文化”也就是以“岁时”为中心，富含着情感、心理、历史和现实的各种活动与意识的总和。

我们的古代先民通过观察大自然的变化以及斗转星移的运行规律而进行农耕的生产活动，岁时文化也正是以此为内核不断丰富发展的。春节团圆，回家过年；中秋的月饼；腊八的粥；端午的赛龙舟；重阳要登高望远，这些都已成为现代人潜移默化的习惯。由岁时延伸而形成的中华传统文化的方方面面其实已内化为我们民族的文化心理。今天，在高扬传统、奋进复兴的伟大进程中，多了解一些岁时文化，不仅是提醒我们加强对岁时规律的认识，加深对历史文化意蕴的把握，更有利于唤起我们民族的荣誉感和自豪感，增进我们对传统文化的理解。

中华文明的起源是农耕文明，农耕是要遵守岁时规律的。中华民族是最早准确掌握岁时，并尊重和遵从岁时规律去发展农事的民族。成熟的农耕技术哺育了一代代中华儿女，也成就了中华民族五千年辉煌灿烂的文明。而岁时文化

也在文明传承的过程中，不断凝聚、丰富，具有了浓郁的民族内涵。

（一）二十四节气与农耕文明

在中华文明的演进过程中，节气规律起着很重要的作用。这从人们口传的很多歌谣、农谚就可看出。像二十四节气歌：“春雨惊春清谷天，夏满芒夏暑相连，秋处露秋寒霜降，冬雪雪冬小大寒。每月两天日期定，最多相差一两天，上半年来六廿一，下半年是八廿三。”这按照黄河流域物候总结的二十四节气有着悠久的历史。远在春秋时代，就定出仲春、仲夏、仲秋和仲冬四个节气。以后不断地改进与完善，到秦汉年间，二十四节气已完全确立。公元前104年，由邓平等制定的《太初历》，正式把二十四节气定于历法，明确了二十四节气的天文位置。除了二十四节气歌，还有二十四节气诗：“西园梅放立春先，云镇霄光雨水连。惊蛰初交河跃鲤，春分蝴蝶梦花间。清明时放风筝好，谷雨西厢宜养蚕。牡丹立夏花零落，玉簪小满布庭前。隔溪芒种渔家乐，农田耕耘夏至间。小暑白罗衫着体，望河大暑对风眠。立秋向日葵花放，处暑西楼听晚蝉。翡翠园中沾白露，秋分折桂月华天。枯山寒露惊鸿雁，霜降芦花红蓼滩。立冬畅饮麒麟阁，绣襦小雪咏诗篇。幽阖大雪红炉暖，冬至琵琶懒去弹。小寒高卧邯郸梦，捧雪飘空交大寒。”其中形象地描画了不同节气里的风物变化，科学而又有趣。

更能体现节气与农事关系的是二十四节气农事歌。如其中所说的：

立春：立春春打六九头，春播备耕早动手，一年之计在于春，农业生产创高优。

雨水：雨水春雨贵如油，顶凌耙耘防墒流，多积肥料多打粮，精选良种夺丰收。

惊蛰：惊蛰天暖地气开，冬眠蛰虫苏醒来，冬麦镇压来保墒，耕地耙耘种春麦。

春分：春分风多雨水少，土地解冻起春潮，稻田平整早翻晒，冬麦返青把水浇。

清明：清明春始草青青，种瓜点豆好时辰，植树造林种甜菜，水稻育秧选好种。

谷雨：谷雨雪断霜未断，杂粮播种莫

迟延，家燕归来淌头水，苗圃枝接耕果园。

立夏：立夏麦苗节节高，平田整地栽稻苗，中耕除草把墒保，温棚防风要管好。

小满：小满温和春意浓，防治蚜虫麦秆蝇，稻田追肥促分蘖，抓绒剪毛防冷风。

芒种：芒种雨少气温高，玉米间苗和定苗，糜谷荞麦抢墒种，稻田中耕勤除草。

夏至：夏至夏始冰雹猛，拔杂去劣选好种，消雹增雨干热风，玉米追肥防黏虫。

都恰切地抓住了二十四节气与农事活动的规律，反映了我国劳动人民的经验和智慧。

我国幅员辽阔，不同的地域气候差别很大，这就导致了各地物候“同时而不同气”，在农事活动和风物上也自然存在差别。像华北地区就有“秋分早，霜降迟，寒露种麦正当时”“清明前后，种瓜种豆”“植树造林，莫过清明”。而江浙地区则有“白露身勿露，赤膊变猪猡”“寒露脚勿露”。这其中包含了多方面的文化因素，不仅可看出气候的不同，也能反映各地方言俗语的差别，富有文化意味。黄河中下游有《九九歌》：“一九、二九不出手；三九、四九河上走；五九、六九沿河望柳；七九河开，八九雁来；九九又一九，耕牛遍地走。”而东北农谚中则有“立夏鹅毛住，小满雀来全，芒种开了铲，夏至不拿棉”“白露烟上架，秋分不生田”“立冬交十月，小雪地封严”之说，可见这些谚语、歌谣是人们在当地的生活和农耕生产中的经验总结，也充分说明了节气、物候与农业生产和社会生活的密切关系。

二十四节气作为自古以来人们对农事活动的规律总结，也是中华民族农耕文明特色的体现。我们的先民通过长年的农耕作业，不断积累经验，并参照天文地理，发明了历法，制定了节气，这些宝贵的物候规律至今仍然指导着我们今天的农事和日常生活，民以食为天，农事自来为天下之本，风调雨顺、五谷丰登在今天看依然是我们建设和谐社会、实现民族繁荣富强的基础。

（二）岁时文化的人文内涵

岁时文化除了指人们对自然规律的把握，在“天人合一”的中国文化体系

中，也有由岁时所衍生出的节日、节庆等人文内涵。《庄子·达生》曰：“天地者，万物之父母也。”《易经》中强调天、地、人“三才”之道，说天之道在于“始万物”，地之道在于“生万物”，人之道的作用在于“成万物”。到了董仲舒更是明确提出：“天人之际，合而为一。”可见，岁时文化的科学性在于其具有指导意义的自然规律，而其更为丰富的人文内涵则在于，通过岁时的节日、节庆活动理顺或改善人与自然、人与人之间的关系，并借此促进了民众对岁时的感悟，增进了对我国传统文化的理解。

在不断积淀的岁时文化中，既有上古的神话传说，也有真实的历史事件，既有奉若神明、玄之又玄的天帝意志，又有脚踏实地、充满体验和期待的人类意愿。这些文化的积累和创造一直服务着民众的生产、生活和生存，指引着人们的精神生活，使得岁时文化的自然性和人文性浑然地结合在一起。岁时文化中的很多民风、习俗也都恰好体现了二者的结合。比如：清明节为什么要祭祖？元宵节为什么要吃元宵？……这些问题看似简单，但其中都凝聚了我们的民族信仰和文化特色，具有多重的文化内涵。

我们知道，中国传统文化中尤其重视宗亲，讲求慎终追远，注重宗族间的互动与联系。于是就习惯在清明进行“春祭”。为了追思祖先，人们会在清明这天举行家族宗祭仪式，并在各宗亲祠社或野外坟场举行仪式以告慰祖先之灵。这种春祭的仪式到了南宋变得格外隆重而意味深长，由于契丹、女真、蒙古等北方民族的强大，宋政权和汉人不得已南移，政治文化中心的转移，也迫使北方汉人需将祖先的坟墓南迁，汉人怀念故土，于是祭祖的仪式就因为承载了更多寄托，变得尤为重要。扫墓就成为祭祖的一种风习。每年到了清明，人们就要携带酒食果品、纸钱等物品到墓地，将食物供祭在亲人墓前，再将纸钱焚化，为坟墓培上新土，折几枝嫩绿的新枝插在坟上，然后叩头行礼祭拜，最后吃掉酒食回家。

至于元宵节，有“上元节”“灯节”“元夕”等名，因为是农历正月十五，这一天的晚上月亮是圆的，而在现代汉语中，元宵中的“元”和月圆的“圆”属于同音字，而且元宵节又恰好是新年的第一个月圆之夜。因此在人们的心里，这就寓意着在新的一年里全家团圆、和睦、美满。于是就有了元宵

节吃元宵的习俗。

其实，每一个节日，每一个风俗，每一种习惯的意义也都因这种悠久的人文内涵的积淀和美好愿望的承载而变得深刻，这也是岁时文化或说中国传统文化的魅力所在。

（三）岁时文化的民族心理

岁时文化是我国传统文化的一个重要组成部分，因为是在特定的自然环境、经济发展、社会结构、政治制度等因素下孕育、发生并传承的，岁时文化也自然具有民族特色。各种节日中丰富的情感和精神寄托构成了我们岁时文化中的民族性和文化精神。

像清明前的寒食节，就流传着一个动人的故事。春秋战国时期，晋文公重耳早年曾流亡国外。原来跟他一道出奔的臣子纷纷离去，只剩下少数几个人忠心耿耿，不离不弃。其中一个叫介子推。有一次重耳饿晕了，介子推为了救他，从自己腿上割下了一块肉，烤熟了给重耳吃。重耳执政做了晋文公，对手下臣子大加封赏，唯独忘了介子推。后来他忆起旧事，惭愧无比，马上差人去请介子推。为了躲避，介子推背着母亲躲进了绵山（今山西介休县东南）。晋文公便让御林军上山搜索，没有找到。后来就放火烧山，三面点火，留下一方，逼介子推下山。孰料大火烧了三天三夜，大火熄灭后，也没见介子推下来。上山一看，介子推母子俩抱着一棵烧焦的大柳树已经死了。晋文公望着介子推的尸体哭拜一阵，然后安葬遗体，发现介子推脊梁堵着个柳树树洞。里面一片衣襟，题有血诗一首："割肉奉君尽丹心，但愿主公常清明。柳下作鬼终不见，强似伴君作谏臣。倘若主公心有我，忆我之时常自省。臣在九泉心无愧，勤政清明复清明。"晋文公深为感动。为了纪念介子推，晋文公下令将绵山改为"介山"，并把放火烧山的这一天定为寒食节，每年这天禁忌烟火，只吃寒食。晋文公还伐了一段烧焦的柳木，做成木屐，每天望着它叹道："悲哉足下。""足下"作为古代下级对上级或同辈之间相互尊敬的称呼，据说就源于此。第二年，晋文公登山祭奠介子推。发现坟前的那棵老柳树重新复活，绿枝千条，随风飘舞。

晋文公望树如人，他敬重地掐了一根柳枝，编了一个圈儿戴在头上。从此，便有了“寒食节”，也便有了寒食、祭祀、摘柳的习俗，介子推的故事正诠释了儒家文化中崇尚臣贤主明、推重节义的民族文化心理。

大家非常熟悉端午节要吃粽子、赛龙舟，其中的故事最早出自南朝梁代吴均《续齐谐记》和南朝宗懔《荆楚岁时记》。据说，三闾大夫屈原投汨罗江正值五月，当地百姓闻讯捞救，一直划船至洞庭湖也不见大夫的尸体。此时正是雨天，湖面上的小舟都汇集过来，人们得知是打捞贤臣屈原大夫时，再次争相划进洞庭湖。这就是龙舟竞赛的由来。百姓怕江河里的鱼吃掉屈原的身体，就纷纷回家拿米团投入江中，以喂鱼虾，这就演变成端午吃粽子的习俗。唐代文秀《端午》诗为证：“节分端午自谁言，万古传闻为屈原。堪笑楚江空渺渺，不能洗得直臣冤。”

在江浙还有这样一个传说。春秋时吴国有个忠臣伍子胥，他本是楚国人，因父兄为楚王所杀，于是投奔吴国，助吴伐楚，在家恨国仇的激励下，伍子胥五战就攻破了楚的郢都，报了父兄之仇，吴国国势大振。吴王阖闾死后，其孙夫差即位，吴军又大败越国，夫差答应了越王勾践的请和。伍子胥则建议消灭越国以绝后患，夫差不听，反听信谗言，赐死了伍子胥。子胥视死如归，临终遗言：“我死后，将我眼睛挖出悬挂在吴京之东门上，以看越国军队入城灭吴。”夫差闻言大怒，将其尸体装在皮革里投入大江，世人遂将投江的五月五日定为端午节以纪念忠良。

可见，无论是屈原还是伍子胥，人们之所以确立节日为之纪念，都是出于中国文化中推重贤良忠义的价值标准。而这些感人的故事也构成了传统节日中丰富的文化意味，成为人们的价值标准和道德砥砺。不同的节日给人们的心理感受会有所不同，用心去体味这些故事，体验民族心理的积淀，也会有利于丰盈我们今天的文化建设和文明建设。

（四）岁时文化的生命气质

因为岁时文化的产生与农耕文明息息相关，又融入了丰富的人文内涵，所以岁时文化具有浓郁的生命气质。日出

而作，日入而息，春华秋实，夏耘冬藏，于是有了岁时意识，有了岁时的自然规律。人们对岁时规律的遵循不仅在于农事活动的以农为本，更在于天地人三者的相和以及其中的人本观念，这是岁时文化强烈的生命气质和文化因素所在。岁时、节气、节日能历经中华文化的长河流传至今，也正是因为岁时文化有强大的生命力。

人日、清明、夏至，直到元旦、除夕。每个节日都会有一段渊源故事、古老传说，反映着我们民族的文化情趣、传统习惯和道德风尚，也寄托着人们的美好憧憬。多数的节日和节庆都是源自纪念祈福活动和祭祀宗教活动。像我们之前讲的清明和端午，都是因为一个人物而成为了整个民族的文化信仰和生命气质。

再如上元节、中元节、下元节也都体现出以人为本的意识。上元节就是元宵节，这天人们要吃汤圆、猜灯谜、出去走一走，为的是“悠百病”，祛病强身。像灯谜不仅使元宵节变得热闹，也更富有文化趣味，古往今来很多故事都发生在元宵佳节。时光回到宋朝，据说有一年元宵，猜谜高手苏东坡派侍女去好友佛印处取一样东西，侍女问是何物，东坡说你只要头戴草帽，脚蹬木屐去，佛印就会明白。侍女依言前去，佛印就交给她一包茶叶。侍女还在迷惑，佛印说出底细，原来东坡这是设了一个巧谜，上“草”下“木”中间“人”就是“茶”。类似的灯谜趣闻在传统文化中还有很多。如我们熟悉的《红楼梦》里，贾府就常在元宵节进行猜谜活动，可见这种有趣的活动深受人们喜欢。

“下元节”又称“鬼节”，“鬼”是中国传统文化的特色，虽然西方文化也有“鬼”一说，但其深刻广泛远无法与中国的相比。《论语·先进》中孔子说：“未能事人，焉能事鬼?”可见在中国文化中“鬼”只是人的一个影子，无论形象、禀性还是意识、观念都与人是同构的，丰富的鬼文化是中国文化生命气质的另一种体现。远古时候人们认为在七月初一“开鬼门关”，到七月三十“闭鬼门关”，在这一个月里，所有的鬼魂都从另一个世界出来领取祭物，于是人间便要举行“普度”的祭祀仪式，以便安顿这些鬼魂。而其中以“目连作盂兰盆以救其母”的传说尤具代表性，带有浓厚的儒家“孝道”色彩。

漫溯时光之旅，人们总是把美好的理想、智慧与对道德伦理的追求和向往都合并到岁时文化中。无论是感受、祈福，还是赎罪、解困，都是以生命体验为基础的。以人为本，以生命气质为内核，这是中国岁时文化的本质特征。

二、岁时文化的四季

（一）春

“一年之计在于春，一日之计在于晨。”春为岁首，春是四季的开始。一元复始，万象更新，春天万物复苏，到处都充满了生命的气息。而没有春的蓬勃律动，也就没有秋的丰富收获，下面让我们走进春的黄金时节，来揭开岁时文化的第一页。

1. 立春，万物苏醒之始。

立春是二十四节气之首，作为传统节日，立春古称立春节。《礼记·月令》中说：“立春之日，天子亲帅三公九卿诸侯大夫以迎春于东郊。”可见古礼中立春的隆重，这与古人强烈的敬天保民意识有关。在这个十分重要的节日里，皇帝需要率领百官到东郊迎接春天的到来，期盼五谷丰登。

唐代皇帝还有在立春日率领群臣游园的习俗。诗人沈佺期在《奉和立春游苑迎春》写有“东郊暂转迎春仗，上苑初飞行庆杯……林中觅草才生蕙，殿里争花并是梅。”可见，春日饮春酒、赏春光已成上下皆好的雅事。

还有两项有趣的立春活动，一是剪彩胜，一是吃春盘。彩胜，又名踩胜、金胜等，彩胜插于鬓发间，男女皆宜，使人增添了青春的风采。追慕青春人人皆爱，皇帝也不能免俗。唐代有“燕许大手笔”之称的苏颋在《立春日侍宴内出剪彩花应制》中写道：“晓入宜春苑，秾芳吐禁中。剪刀因裂素，妆粉为开红。彩异惊流雪，香饶点便风。裁成识天意，万物与花同。”宋之问也有《奉和立春日侍宴内出剪彩花应制》：“金阁妆新杏，琼筵弄绮梅。人间都未识，天上忽先开。蝶绕香丝住，蜂怜艳粉回。今年春色早，应为剪刀催。”将剪彩胜与剪春相提并论，玲珑有趣，妙笔天成，由此可想大诗人贺知章能写出“二月春风似剪刀”的妙句也不难理解了。

吃春盘的习俗，最早可追溯到晋代，

因用五种辛味菜配成，故又称“五辛盘”。杜甫的《立春》很有名：“春日春盘细生菜，忽忆两京梅发时。盘出高门行白玉，菜传纤手送春丝。”白居易有“二日立春人七日，盘蔬饼饵逐时新。……乡园节岁应堪重，……何由得见洛阳春?”春日吃春盘却勾起了诗人的乡思，可谓别有滋味在心头。如今在北方，立春这一天，还流行着打“春饼”、吃“春饼”的习俗，所以立春也被称为“打春”。

古人认为立春时节一旦到来，就意味着水暖三分，阳气上浮，草木开始萌动。所谓：“春饮一杯酒，便吟春日诗。木梢寒未觉，地脉暖先知。”（唐·曹松）大诗人白居易也有“立春后五日，春态纷婀娜”“柳色早黄浅，水文新绿微”的妙句，春为岁首，开门见春，人们重视立春更多是因为对春天的期盼，对生命的热爱。

2. 春节，年末相聚之时。

爆竹一声除旧，桃符万户更新。春节，是中华民族最隆重的传统节日，在五十六个民族中具有广泛的共通性。古时我国的春节相当于“元日”，《礼记·月令》讲：“是月也，天子乃以元日祈谷于上帝。乃择元辰，天子亲载耒耜，措之于参保介之御间，帅三公九卿诸侯大夫，躬耕帝藉。”古时的节日大都跟农耕有关，春节也不例外，尤其皇帝还要亲耕示范。这种春节的隆重仪礼历代不衰，唐代诗人张祜《元日仗》写道：“文武千官岁仗兵，万方同轨奏升平。上皇一御含元殿，丹凤门开白日明。”虽然到了唐代皇帝不再示耕，但重视农耕的仪式仍在。后来，我们国家推行了西历，便有了“元旦”。春节也成了农历正月初一的专指。

现在把春节也称做“过年”，这也是农事活动的一个遗留。“年”是谷物成熟的意思，在甲骨文、金文里，“年”字都是果实丰收的样子。可见“过年”原是丰收喜庆的意思，后来就与岁并称了。

春节发展到现代文明的今天，农耕意味已经减少，随着人们的活动由安土重迁发展到四海为家，“春节”逐渐演变成难得的团圆假日。千里万里，回家

过年，于是便有了浩浩荡荡的春运风景。父母儿女一顿年夜饭，杯盘共笑语，畅饮在樽前，春节潜移默化成了现代人心中“家”和“根”的象征，其情感维系的意味得到了强化。而春节的含义也包括了大年三十，即“除夕”，甚至包括从腊月二十三（俗称：祭灶、小年）到正月初五（俗称：破五）的一段假日，繁忙的现代生活，春节成了人们团聚、放松的美好时光。

3. 元宵，全家团圆之时。

元宵节即正月十五，俗称“灯节”，又称“上元节”。元宵节的起源可追溯到汉朝。据史载汉高祖刘邦驾崩，吕后篡权。而吕后亡故后，周勃等人扫除了吕后的党羽，拥刘恒（即汉文帝）为帝。因为扫除吕后党羽的日子是正月十五日，所以每到这天晚上，文帝就微服出宫，与民同乐来纪念这一天。在古代，夜的意思同“宵”，正月又称元月，汉文帝就将正月十五定为“元宵”。

正月十五是一年中第一个月圆之夜，每逢元宵佳节，人们都会举行各种各样的活动，比如：吃元宵、赏花灯、猜灯谜等。这些传统的活动，一直流传至今。元宵节也成为最丰富热闹的节日。元宵在文人笔下更是多彩多情。南北朝时的大诗人庾信有《步虚词十首》，两次写到元宵：“汉帝看桃核，齐侯问枣花。上元应送酒，来向蔡经家。”“上元风雨散，中天歌吹分。虚驾千寻上，空香万里闻。”唐代诗人韩偓有：“元宵清景亚元正，丝雨霏霏向晚倾。桂兔韬光云叶重，烛龙衔耀月轮明。”雨中的元夜情景独特。而诗人羊士谔的“山郭通衢隘，瑶坛紫府深。灯花助春意，舞绶织欢心”，就是一派欢腾热闹、歌舞升平的景象了。

描写元宵最脍炙人口的词，要算大词人辛弃疾的《青玉案·元夕》了：

东风夜放花千树。更吹落、星如雨。宝马雕车香满路。凤箫声动，玉壶光转，一夜鱼龙舞。蛾儿雪柳黄金缕，笑语盈盈暗香去。众里寻他千百度，蓦然回首，那人却在，灯火阑珊处。

元宵佳节一派风光旖旎的胜景，而且情韵流转，别有风情。元宵故事多，还记得那首《生查子》：“去年元夜时，花市灯如昼。月上柳梢头，人约黄昏后。今年元夜时，月与灯依旧。不见去年人，泪满春衫袖。”这是怎样

一个缠绵悱恻的爱情故事，人们尽可展开想象的翅膀。

古时候，有些地方还盛行牵钩（拔河）的竞技活动。老北京有妇女“走桥”的习俗。其他诸如盘杠子、跑竹马等，元宵的活动丰富多彩，看者赏心悦目，演者强身健体。像踩高跷一直流传到今天，清代以来，高跷又分文、武两类，文跷以走唱为主，表演者扮成樵夫、村姑、和桑、媒婆、老汉、书生等角色，手执扁担、手帕、折扇等道具，边走边唱，形体动作不多；而武跷则能做倒立、劈叉、跳高桌、叠罗汉等惊险表演，直到今天高跷依然是我们元宵节民间活动的保留节目，很受人们喜爱。

4. 人日，聚友共饮之时。

与当今文化风俗不同，“人日”这个节日在古代备受重视，其原因跟古时田园牧歌式的农耕生活有关。人日（又叫七元），在我国至少有两千年的历史，汉朝有“岁正月一日占鸡，二日占狗，三日占猪，四日占羊，五日占牛，六日占马，七日占人”（汉·东方朔《占书》），故正月七日可以称之为“人日”，这有点像《圣经》里上帝制造世界的意味，人日后来居上，以其主观能动性和创造力主宰着世界。而古人认为人是诞生在群畜之后的，故更高贵，更值得珍惜。民间流传着一种说法：正月初七晴，则预示着人丁兴旺。

古代人日时，人们会将芹菜、荠菜、菠菜、青葱、大蒜等七种菜煮成羹，吃这种七菜羹可以祛病辟邪，全家平安。孟浩然《人日登南阳驿门亭子怀汉川诸友》写道：“剪花惊岁早，看柳讶春迟。”戴叔伦《和汴州李相公勉人日喜春》有：“独献菜羹怜应节，遍传金胜喜逢人。”韩愈《人日城南登高》有：“盘蔬冬春杂，尊酒清浊共。”可见唐朝时人们就有登高望春、吃菜羹、传金胜的习俗。宋之问《军中人日登高赠房明府》：“泾水桥南柳欲黄，杜陵城北花应满。长安昨夜寄春衣，短翮登兹一望归。”高适有：“人日题诗寄草堂，遥怜故人思故乡。”诗人远望当归，尤见佳节思人思乡的深切情怀。剪彩胜是古人春日里的颇有兴致的活动，而人日要剪人胜，李商隐《人日即事》里说：“镂金作胜传荆俗，剪彩为人起晋风。”用五彩绢绸或金箔剪成人形，贴在屏风上或插戴在鬓发上，并且到处张贴以表示庆贺，为家人祈福。唐高宗李治有一次在人日

这天于大明宫里宴会群臣并赐彩缕人胜。李适写道："宝帐金屏人已帖，图花学鸟胜初裁。"苏颋有："初年竟贴宜春胜，长命先浮献寿杯。"人们庆祝人日目的是祈求长寿。现在老一辈们还流传着正月初七管小孩儿，正月十七管中年，正月二十七管老年的说法，因此正月初七家家户户会做各种各样的面食，以祈求小孩子健康平安。

5. 社日，祭祀社神之日。

也叫春社，是立春后的第五个戊日，约在春分前后。社神，即土地神，古人在春天里祭祀以祈求丰收，希望一年顺利。

关于社日的来历，还有一个古老的传说。据《礼记·祭法》载："共工氏之霸九州也，其子曰后土，能平九州，故祀以为社。"相传社神原名叫勾龙，是水神共工的儿子。共工脾气暴烈。和天神打仗，弄得天崩地裂。最后女娲炼了五色石来补天。勾龙见父亲共工撞塌了天，造成洪水泛滥，心里非常难过。当女娲将天补好之后，他就把九州的大裂缝填平。黄帝便由此选中了他，封他一个官叫后土，让他拿着丈量土地的绳子，专门管理四面八方的土地，也就成了人们所称的社神。而土地从古到今都是国家和人民赖以生存的基础，是人民生命存在的最基本的条件，所以在古时候人们就要进行祭祀社神的活动，代代相沿，成为习俗。

汉代《白虎通义·社稷》说："封土立社，示有土也。"君王自立的社称"王社"，君王为百姓立的社称"大社"。王社是依据古代盖天说的理论"天圆地方"而设置的，呈方形，坛顶划分为东、南、西、北、中五个部分，铺着青、红、白、黑、黄五色泥土，象征着五方的土地。而百姓的社坛，则只用当地的土。社祭很隆重严肃，体现出我国古代对农业的重视和依赖。"九农成德业，百祀发光辉。"（杜甫《社日两篇》）如今北京仍然保存的"社稷坛"，就是明清皇帝祭祀社神和稷神的场所。其实，现代人们称的农村公社，也是这个社祭意思的演化。

社祭的时候一般会有精彩热闹的社戏活动，这在娱乐业、传媒业不发达的时代无疑是很大的精神享受。鲁

迅先生在《社戏》里谈到这种戏剧节目："大敲，大叫，大跳，使看客头昏脑眩，很不适于剧场，但若在野外散漫的所在，远远地看起来，也自有他的风致。"并津津乐道地写到能连翻八十四个筋斗的铁头老生，"两手在头上捧着一支棒似的蛇头的蛇精，其次是套了黄布衣跳老虎"……想想在田野里在河中泊船远远看戏的感觉，真是别有一番"风致"的。其实这种社戏活动由来已久。早在唐宋时"社日"这天就有类似的民间表演，刘禹锡有："枫林社日鼓，茅屋午时鸡。"范成大有："轻薄行歌过，颠狂社舞呈。"陆游有："深林闻社鼓，落日照渔家。"《石湖诗钞》记载："民间鼓乐谓之社火，不可悉记，大抵以滑稽取笑。"这种社火就是民间的集会、娱乐甚至是狂欢活动。

《荆楚岁时记》里记载："社日，四邻并结综会社，牲醪，为屋于树下，先祭神，然后飨其胙。"每逢社日，人们都要在大树下临时搭起席棚，用牲口和酒来祭拜社神，然后大家坐在一起聚餐，吃不完的还要均分带回家。"田翁逼社日，邀我尝春酒。""今年社日分余肉，不值陈平又不均。""桑柘影斜春社散，家家扶得醉人归。"梅尧臣的《春社》诗写得很生动细致："年年迎社雨，淡淡洗林花；树下赛田鼓，坛边伺肉鸭；春醪酒共饮，野老暮相哗。"可见社日的喜庆欢腾气氛。到了清代人们把这种社祭活动称为"祈年"，而把吃"馂余"、分肉，群饮为欢，称作"打社""饮福""散福"。

6. 花朝，百花共生之日。

花朝亦称"百花生日"。晋代时是农历二月十五，宋以后渐改为农历二月十二。这一天，宫廷民间都要剪彩条为幡，系于花树之上，名叫"赏红"，表示对花神的祝贺。人们还会相携外出看花游春，非常富有诗意。宋朝吴自牧《梦粱录·二月望》记录了杭州一带花朝节的景象："仲春十五日为花朝节，浙间风俗，以为春序正中，百花争放之时，最堪游赏。都人皆往钱塘门外……玩赏奇花异木……此日帅守、县宰率僚佐出郊，召父老赐酒食，劝以农桑……天庆观递年设老君诞会……为民祈福。"明末清初文学家、绍兴籍人张岱在《陶庵梦忆》中记载："西湖香市，始于花朝。"清代顾禄《清嘉录·二月·百花生日》记

载：“《诚斋诗话》：‘南京亦以二月十二日为花朝。’《宣府志》：‘花朝节，城中妇女剪彩为花，插之鬓髻，以为应节。’……蔡云《吴歈》云：‘百花生日是良辰，未到花朝一半春。红紫万千披锦绣，尚劳点缀贺花神。’”

在民间，花朝节还有庙会、游春、晒种祈丰等很多风俗。传说花神专管植物的春长夏养，所以，祀奉她的不仅有花农，还包括耕种庄稼果蔬的农人。长江三角洲一带多花神庙，旧时吴越一带花农家都供奉花神。像苏州古时以种植业为主，尤以茉莉花最盛，人们为感谢茉莉花神，在虎丘山旁建造了一座“花神”庙，每年农历二月十二日，人们在茉莉花树上遍插红纸小旗，以抑制风雨，祈求晴朗的天气，期望丰收。旧时的花朝节，许多地方的农人还会聚集在花神庙设供，以祝神禧。有的还演戏娱神，由十二名演员扮演十二月的花神。这样的庙会活动通常很热闹，夜里还会提举各种形状的“花神灯”巡游。古时花朝，文人雅士还有邀知己赏春吟诗的习惯。孔尚任的《竹枝词》描写了花朝踏青归来的盛况：“千里仙乡变醉乡，参差城阙掩斜阳。雕鞍绣辔争门入，带得红尘扑鼻香。”唐代花朝还要制作花糕。据传武则天嗜花，每到夏历二月十五这一天，都会命令宫女采集百花，和米捣碎蒸制成糕，并赏赐群臣。现在洛阳一带还有传统食品——牡丹饼，就是由花朝流传下来的。

7. 上巳，祓灾祈福之日。

“上巳”这个节日乍一听来似乎有些陌生，但是提起三月三，大家都会觉得很熟悉。因为是在三月上旬的巳日，所以叫上巳。上巳这个节日出现在周朝之前。据《风俗通》记载：“郑国之俗，三月三日上巳，于溱洧两水之上，执简招魂，祓出不祥。”这种三月份上旬第一个巳日在水边举行招魂禳灾的仪式一直为人们重视。汉代上巳节这天，从皇宫到民间，都会举行“祓禊”活动，比如：乘华车、洗素手、蹚春水、钓鱼、射雁、饮酒、吃素等。在电视剧《汉武大帝》中就再现了汉景帝与儿女、宫人共度上巳的场景。三国时这个节日固定在三月三日。风俗依然是在水边洗濯污垢，祭祀祖先，包括水边饮宴、郊外游春等项目。水边饮宴，就是“曲水流觞”。所谓“流觞”，就是“流杯”，投杯于水的上游，任其随波而

下，止于某处，则其人取而饮之。文人雅集，常于此时吟歌作赋。最著名的曲水雅宴要数东晋永和九年的兰亭之集了，王羲之为此留下了“天下第一行书”《兰亭集序》：“暮春之初，会于会稽山阴之兰亭，修禊事也。群贤毕至，少长咸集。此地有崇山峻岭，茂林修竹；又有清流激湍，映带左右，引以为流觞曲水，列坐其次……是日也，天朗气清，惠风和畅……”文辞之美，可见当日盛况。曲水宴集之风到唐代尤盛。大诗人杜甫的《丽人行》：“三月三日天气新，长安水边多丽人。”正是描绘的上巳节贵族妇女在曲江池游赏的情景。到了宋代，三月三作为北极佑圣真君的诞辰，各地盛行迎神赛会。《梦粱录》记载：“士庶烧香，分集殿庭。诸宫道宇，俱设醮事，上祈国泰，下保民安……迎列于道，观睹纷纷。”

上巳还有一个习俗就是佩兰或杜若。相传周昭王在位二十年时，东瓯越族献来两位女子，一个叫延娟，一个叫延娱，皆美丽纤巧，能言善辩，而且会唱会笑。她们走路不留脚印，太阳下没有影子。一次，她们陪昭王游览长江和汉水，不幸全都随昭王落水而死。江汉一带的人们很怀念她们，就在江边修立了祠堂。十年后，人们经常看到两位女子陪伴昭王泛舟江上，在水边嬉戏。到了上巳节这天，人们都纷纷到祠堂祭祀：有的拿来又甜又新鲜的水果，用杜兰叶包好扔到水中；有的用五彩线包，并把金属系在上面。这样是为了防止蛟龙侵害她们的仙体。后来这个风俗就演变为上巳节这天妇女们佩戴兰花等香草，还有带荠菜花的，宋代赞宁《物类相感志》有：“三月三日收荠菜花，置灯颈上，则飞蛾蚊虫不投。”明代田汝成《西湖游览志》有：“三月三日，男女皆戴荠菜花。”可见带花都是为了驱除虫邪，祈求吉祥的。

8. 清明、寒食，追远游春之日。

关于寒食，《荆楚岁时记》这样记载：“去冬节一百五日，即有疾风甚雨，谓之寒食，禁火三日。”说寒食是从冬至之时算起的第一百零五天。一般人们认为清明的前一天为寒食。寒食禁火，旧时官府管制十分严格，如果某家炉中有温度，便将一根羽毛插入炉灰中，羽毛变焦了，便犯了死罪，因此寒食前一日，各家便将炉火泼灭。人们也往往在寒食前几日制作更多的熟食，以备过节时用。

寒食这天，即使皇帝赐宴，也只是冷食。唐代韩翃有著名的《寒食》诗："春城无处不飞花，寒食东风御柳斜。日暮汉宫传蜡烛，轻烟散入五侯家。"可见寒食这天不仅不能生活煮饭，连点个蜡烛也不可轻易为之。

下面说说大家熟悉的清明，由于与寒食踵接，两个节日的风俗早已融合在了一起，比如扫墓追思。"清明时节雨纷纷，路上行人欲断魂。借问酒家何处有，牧童遥指杏花村。"（《清明》），唐代诗人杜牧的这首诗深入人心，清明为何断魂，不外乎是一腔对先人的忆念，而那迫不及待的酒虫，全然不是游赏的杏花春意，含有借酒寄怀的意味，千载而下，读来仍让人黯然生叹。宋代高翥的《清明》诗虽调侃又不失深刻："南北山头多墓田，清明祭扫各纷然。纸灰飞作白蝴蝶，泪血染成红杜鹃。日落狐狸眠冢上，夜归儿女笑灯前。人生有酒须当醉，一滴何曾到九泉。"更富有放旷豁达的味道。祭祖扫墓是中华文化慎终追远思想的体现，产生于春秋战国时代，盛行于唐，至今已成为清明节的主要习俗，而忙碌的现代人也利用难得的假日与亲人团聚。

古时清明还有折柳戴柳的习俗。妇女和小孩要就近折些杨柳枝，将祭拜撤下的蒸食供品用柳条穿起来。有的将柳条编成罗圈状，戴在头上，取义"清明不戴柳，来生变黄狗"。清明插柳的风俗传说很多，有的说是为了纪念"教民稼穑"的农事祖师神农氏的。有种说法是，唐末黄巢起义时以"清明为期，戴柳为号"。后来戴柳的习俗渐被插柳所取代。"有心栽花花不发，无心插柳柳成荫。"杨柳有强大的生命力，柳条插土就活，插到哪里，活到哪里，年年插柳，处处成荫。还有种说法：清明、七月半和十月朔为中国文化中的三大鬼节，是百鬼出没讨索之时。观世音以柳枝沾水济度众生。受佛教影响，人们称柳为"鬼怖木"，认为可以驱鬼。北魏贾思勰《齐民要术》里说："取柳枝著户上，百鬼不入家。"柳在人们心目中具有辟邪的功用。于是在柳条发芽的清明，人们自然要插柳戴柳以辟邪了。古谚还有"柳条青，雨蒙蒙；柳条干，晴了天"的说法，有的地方把柳枝插在屋檐下，以预报天气。

清明既是节日，又是节令，一般在阳历的四月五日前后。"春雨惊春清谷天"，清明是第五个节气。《月令七十二

候集解》中说："物至此时，皆以洁齐而清明矣。"因为气候的春和景明，古往今来，清明的习俗还很多。古代有蹴鞠、打秋千、放风筝、打马球、斗百草等活动。蹴鞠是古代清明节时人们喜爱的一种游戏。相传是黄帝发明的，最初是用来训练武士的。"鞠"指的是皮球，球皮用皮革做成，球内用毛塞紧。蹴鞠，就是用脚去踢球，因此有人说最早的足球运动在中国。荡秋千是我国古代清明节习俗。秋千，意即揪着皮绳而迁移。最早叫千秋，为了避忌讳而改称秋千。古时秋千多用树丫枝为架，再拴上彩带做成。后来发展成用两根绳索加上踏板的秋千，成为妇女、儿童非常喜欢的娱乐健身活动。苏轼的《蝶恋花》写得意趣盎然："墙里秋千墙外道。墙外行人，墙里佳人笑。笑渐不闻声渐悄。多情却被无情恼。"放风筝也是清明时节人们所喜爱的活动。古时逢清明，人们无论白天或夜间都会放风筝。夜里在风筝下或拉线上挂上一串串彩色的小灯笼，像闪烁的星星，被称为"神灯"。过去人们把风筝放飞之后便剪断牵线，任凭清风把它们送往天涯海角，据说这样能除病消灾，带来好运。如今，清明节依然是人们最重视的节日之一，祭扫、踏青、放风筝、插柳植树都被很好地继承下来。

（二）夏

夏季枝繁叶茂，团花似锦，生机盎然。这个季节主要的节气、节日有端午、夏至、伏日等。

1. 端午，祭龙品粽之日。

"端"字有"初始"的意思，因此"端五"就是"初五"。按照历法，五月就是"午"月，因此"端五"就演变成了"端午"。《燕京岁时记》记载："初五为五月单五，盖端字之转音也。"民间称端午为"一年三节"之一。

端午节是我国传统节日中叫法最多的一个节日。如端阳、重五、重午、天中、夏节、五月节、菖蒲节、龙舟节、浴兰节、屈原日、午日节、女儿节、地腊节、五蛋节等，每个名称后面差不多都有一个风俗或传说。端阳，据《荆楚

岁时记》记载，因仲夏登高，顺阳在上，五月正是仲夏，它的第一个五日正是登高顺阳天气好的日子，故五月初五又有“端阳”之称。重午，午属十二支，农历五月为午月，五、午同音，五、五相重，故端午节又名“重午节”或“重五节”，有些地方也叫“五月节”。古人认为五月五日时，阳重人中天，故又称端午为“天中节”。古人认为“重午”是犯禁忌的日子，此时五毒尽出，因此需要驱邪避毒，在门上悬挂菖蒲、艾叶等，故端午节也有“菖蒲节”之称。端午时值仲夏，是皮肤病多发季节，古人以兰草汤沐浴去污为俗。汉代《大戴礼》云“午日以兰汤沐浴”，故又称端午为“浴兰节”。明沈榜《宛署杂记》：“五月女儿节，系端午索，戴艾叶，五毒灵符。宛俗自五月初一至初五日，饰小闺女，尽态极妍。出嫁女亦各归宁。因呼为女儿节。”

关于端午的起源，有五种说法：一是纪念屈原，这是流传最广的说法，据南朝梁代吴均《续齐谐记》和南朝宗懔《荆楚岁时记》记载，我国伟大诗人屈原在此日投江，人们为其悲愤不已，遂在江中投粽并划船搭救，这就留下了端午食粽和龙舟竞渡的风俗；二是纪念春秋时晋国功臣介子推，这主要流行在山西一带；三是纪念春秋时吴国功臣伍子胥，这是古时吴楚两地的习俗；四是纪念曹娥，流传于浙江一带，据东汉《曹娥碑》记载，曹娥是当时上虞人，父亲溺于江中，数日不见尸体，孝女曹娥年仅十四岁，昼夜沿江号哭，过了十七天，在五月五日投江，五日后抱出父尸；五是祭“地腊”，属道教风俗。据闻一多的《端午考》和《端午的历史教育》研究，端午节原本是祭祀龙的节日，原因有三：一是端午节的两个主要活动——吃粽子和竞渡，都与龙相关。粽子投入水里常被蛟龙所窃，而竞渡则用的是龙舟。二是竞渡与古代吴越地方的关系尤深，吴越百姓还有断发文身“以像龙子”的习俗。三是古有“五彩丝系臂”的风俗，这当是“像龙子”纹身习俗的遗迹。自古以来中华民族都是以龙为图腾，而五月初五就是祭龙圣典最隆重的一天。2011年，国家首次举办“中华龙舟大赛”也是对端午传统文化的继承和弘扬。

2. 夏至，白日最长之时。

夏至是二十四节气中较早被确定的一个节气。公元前 7 世纪，古人用土圭测日影，就确定了夏

至。据《恪遵宪度抄本》记载："日北至，日长之至，日影短至，故曰夏至。至者，极也。"夏至一般为每年的6月21日或22日，这天太阳直射地面的位置到达一年的最北端，几乎直射北回归线（北纬23° 26'），北半球的白昼达到最长，且越往北昼越长。夏至以后，太阳直射地面的位置逐渐南移，北半球的白昼日渐缩短。民间有"吃过夏至面，一天短一线"的说法。

《礼记》记载："夏至到，鹿角解，蝉始鸣，半夏生，木槿荣。"鹿的角朝前生，属阳。夏至阴气生而阳气始衰，属于阳性的鹿角便开始脱落；雄性的知了感到阴气之生而鼓翼而鸣；半夏是一种喜阴的药草；木槿此时也开始欣欣向荣，这都说明夏至时阳气至盛阴气始生的特点。农谚说"夏种不让晌"，夏至时节庄稼等生长最快，所以农事要紧跟农时。农谚说："夏至不锄根边草，如同养下毒蛇咬。"抓紧中耕锄地是夏至时节极重要的增产措施之一。

夏至，又称"夏节""夏至节"。古时夏至，人们会祭神以祈求灾消年丰。《周礼·春官》载："以夏日至，致地方物魈。"周代夏至祭神，意为清除疫疠、荒年与饥饿死亡。《史记·封禅书》记载："夏至日，祭地，皆用乐舞。"夏至作为古代节日，在宋朝时会为百官放假三天，辽代则更有节日氛围，"夏至日谓之'朝节'，妇女进彩扇，以粉脂囊相赠遗"，清朝风俗是"夏至日为交时，日头时、二时、末时，谓之'三时'，居人慎起居、禁诅咒、戒剃头，多所忌讳……""冬至馄饨夏至面"，在饮食上，北方夏至讲究吃面。从养生角度讲，夏至阳气最旺，宜保护阳气，着眼一个"长"字。因此夏至吃一碗过水的凉面条，既可口消暑也有益健康。

3. 伏日，炎热酷暑之日。

伏日就是平时所说的三伏天，即头伏、二伏、三伏。夏至后第三个庚日为初伏，第四庚日为中伏，立秋后第一个庚日为末伏，总称伏日。三伏天是一年中最热的时节，人们为避暑，通常会饮茶、吃瓜果、冰汁等，还会将绿豆和大米放在一起熬成绿豆粥，以防暑祛病。伏日里人们食欲不振，往往比平时消瘦，所以俗称"苦夏"，北方有些地方以吃生黄瓜和煮鸡蛋来度"苦夏"，入伏的早晨吃鸡蛋，不吃别的食物。三伏天人们身体免疫力会变弱，适当进行体育锻炼

有益健康，这也是“夏练三伏”的道理。

“头伏萝卜二伏菜，三伏还能种荞麦”，从农时上讲，入伏后是种秋菜的季节。

（三）秋

秋季是个丰收的季节，五谷丰登，秋高气爽，人们充满了收获的喜悦。同时，秋季也是一年中气候由热转凉的一个时节，“秋风萧瑟天气凉，草木摇落露为霜”，秋日又会让人感到低沉和伤感，这也是秋日气质在人类生命情感中丰富多彩的体现。

1. 七夕，牛女相会之日。

七夕，即农历的七月七日，这是中国传统节日中最浪漫的一个。传说织女是王母娘娘的女儿，她下凡时与朴实的牛郎相恋，并生下两个可爱的孩子。王母娘娘知道后，大发雷霆，责令织女回天，永不得与牛郎相见。可牛郎锲而不舍，王母娘娘就划出银河为界，将两人阻绝在了河的两岸。这也是晴朗的秋夜，我们看到白茫茫的银河两边，隔河相望、遥遥相对的牵牛星和织女星。后来王母娘娘为牛郎和织女的坚贞所动，就允许二人每年在七夕相见一次。据说这一夜人间看不到喜鹊，它们都飞往银河去为牛郎和织女搭造相见的鹊桥了。

东晋葛洪的《西京杂记》有“汉彩女常以七月七日穿七孔针于开襟楼，人俱习之”的记载。《荆楚岁时记》说：“是夕（指七夕），陈瓜果于庭中以乞巧。有喜子网于瓜上则以为符应。”喜子是一种小蜘蛛。《开元天宝遗事》说：“七月七日，各捉蜘蛛于小盒中，至晓开；视蛛网稀密以为得巧之候。密者言巧多，稀者言巧少。”《东京梦华录》说，七夕“以小蜘蛛安合子内，次日看之，若网圆正谓之得巧”。所以七月初七又被称为“乞巧节”“女儿节”，这一天人们摆上时令瓜果，朝天祭拜，通过穿针、看小蜘蛛结网等习俗来向织女乞巧，因为按照传说，织女是个美丽聪明、心灵手巧的仙女，妇女向织女乞求智慧和巧艺，祈祷福禄寿，并期盼美满的姻缘，都是对自由爱情和美好生活的愿望表达。“红烛秋

光冷画屏，轻罗小扇扑流萤。天阶夜色凉如水，坐看牵牛织女星。”如今七夕又被认为是“中国情人节”。

另外，七夕还来源于人们对自然的崇拜。古时人们对星星的崇拜远不止是牵牛星和织女星，他们认为东西南北各有七颗代表方位的星星，合称二十八宿，其中以北斗七星最亮，可供夜间辨别方向。北斗七星的第一颗星叫魁星，又称魁首。后来的科举考试中了状元叫“大魁天下士”，读书人也把七夕叫“魁星节”和“晒书节”。

还有一种说法，七夕源于中国人的时间意识。古人把日、月与水、火、木、金、土五大行星合称“七曜”，又以“七曜”来计算“星期”。七夕这一天月和日均为“七”，是“双七”，在时间上有特殊意义。“七”又与“吉”谐音，“七七”有双吉之意，是个吉利的日子。

2. 中元，祭祀祖辈之日。

中元，是农历的七月十五。中元节地官降临定人间善恶。“道场普度妥幽魂，原有盂兰古意存；却怪红笺贴门首，肉山酒海庆中元。”中元节期间要请道士日夜诵经，祝福先人能在阴间过上太平的日子，因此中元节又是鬼节。古人认为冤鬼脱离地狱、苦海需要得到阳间人的帮助。

传说观世音菩萨居住在南海，南海盛开荷花，用荷花瓣做成船，船上点着灯，冤鬼们乘上点着灯的船登上彼岸，这就叫做“慈航普度”。这就形成了中元节一个重要的节目即“放水灯”，传说这水灯是为鬼魂引路的。老北京有举行制法船、祭祖、唱“应景戏”等活动，都与送鬼的说法有关。

据说，清代皇宫很重视中元节，年年给过世皇帝、嫔妃做法事祈祝其在阴间安乐或能到达彼岸。慈禧太后最怕鬼，每逢中元祭鬼的日子都做好事，特别是晚年，中元节的前后几天，她对下人特别和善，并且还摆法坛，设水陆道场祭拜亡灵。慈禧死后，宫里为她烧了一次全国最大的法船。这船长十八丈，宽二丈，上有楼殿亭阁，陈设、侍从、篙工数十人形同真人，皆着真衣。并且殿陛阴森，神佛危坐，旁立鬼判，状极狰狞，中立十丈高桅，悬一黄缎巨帆，上书“普度中元”。法船于东华门外沙滩焚烧，烈焰冲天，光照数里。

3. 中秋，赏月拜月之日。

中秋，即农历八月十五。古代帝王祭月的时间为农历八月十五，此日恰是三秋之半，故称“中秋节”；又因在秋季八月，且有月圆人圆之意，故又称“秋节”“八月节”“团圆节”等；又有祈求团圆的信仰和相关习俗活动。中秋节的习俗活动都是围绕“月”进行的。中秋祭月是一种十分古老的习俗。《礼记》记载：“天子春朝日，秋夕月。朝日之朝，夕月之夕。”夕月之夕，正是指在夜晚祭祀月亮。也是从周朝开始，中秋时节祭月的传统便延续下来，北京的月坛就是明清皇帝祭月的地方。这种风俗也逐渐影响到民间，老百姓拜月也蔚成风俗，中秋也逐渐成为最隆重热闹的传统节日。《东京梦华录》记载：“中秋节前，诸店皆卖新酒，贵家结饰台榭，民家争占酒楼玩月，笙歌远闻千里，嬉戏连坐至晓。”关于拜月还有个美丽的传说，古代齐国丑女无盐，幼年时曾虔诚拜月，长大后，以超群品德入宫，但未被宠幸。某年八月十五赏月，天子在月光下见到她，觉得她美丽出众，于是立她为皇后，中秋拜月由此而来。月中嫦娥以美貌著称，故少女拜月也寄托着一颗纯洁的爱美之心。每当中秋之夜，人们便摆上香案，准备好月饼、西瓜、苹果、红枣、李子、葡萄等供品。西瓜还要切成莲花状。在月下，将月亮神像放在月亮的那个方向，红烛高燃，全家人拜祭月亮，然后由当家主妇切开团圆月饼，按照家中人口均分成数份。如今中秋的习俗虽然不这么细致，但月饼、西瓜、葡萄等却是常有的，这也是一份团圆的喜悦。

这里尤其要说的是月饼。月饼又叫胡饼、宫饼、月团、丰收饼、团圆饼。“八月十五月儿圆，中秋月饼香又甜”，月饼最初是祭奉月神的祭品，后来圆圆的月饼逐渐成为亲人团圆的一个象征，成了中秋的必备食品。其实月饼的起源相当早，它是黄河文明面食文化中的一道奇葩。三千年前的殷周时期，民间就有了为纪念太师文仲的“边薄心厚太师饼”。汉代张骞出使西域，引入胡桃、芝麻等，出现了以胡桃仁为馅的圆形“胡饼”。唐高祖时，李靖出征突厥，于中秋节凯旋，当时恰有一个吐蕃商人进献胡饼，李渊很高兴，手拿胡饼指着当空的皓月说：“应将胡饼邀蟾蜍（月亮）。”随后分给群臣食之，这算是中

秋节食月饼的开始。明代《西湖游览志会》记有："八月十五日谓之中秋，民间以月饼相遗，取团圆之意。"明确提到月饼的团圆寓意。

月饼制作越来越精细。袁枚《随园食单》介绍说："酥皮月饼，以松仁、核桃仁、瓜子仁和冰糖、猪油作馅，食之不觉甜而香松柔腻，迥异寻常。"发展到今日，已有京式、苏式、广式、潮式等多种口味，广受南北各地人们的喜爱。

4. 重阳，登高赏菊之日。

重阳节，是农历九月初九。又有"登高节""老人节"之说。《易经》中将九定为阳数，九月九日，恰好是双九相重，因此称为"重九""重阳"。重阳的源头，远至先秦以前。《吕氏春秋·季秋纪》记载："(九月)命家宰，农事备收，举五种之要。藏帝籍之收于神仓，祗敬必饬。""是日也，大飨帝，尝牺牲，告备于天子。"说明当时已有在九月农作物丰收之时祭飨天帝、祭祖的活动。

汉代《西京杂记》说："三月上巳，九月重阳，使女游戏，就此祓禊登高。"还说："九月九日，佩茱萸，食莲耳，饮菊花酒，令长寿。"可见此时已有了重阳节登高，佩茱萸，宴饮，祈求长寿的习俗。"重阳节"的名称始见于曹丕《九日与钟繇书》："岁往月来，忽复九月九日。九为阳数，而日月并应，俗嘉其名，以为宜于长久，故以享宴高人。"可见重阳节宴饮在魏晋时期已广为流行。唐代大诗人王维写"遥知兄弟登高处，遍插茱萸少一人"。足见重阳节在人们心中的地位，它承载着深厚的情感意味。九月九谐音是"久久"，有长久之意，所以常在此日祭祖与推行敬老活动。

重阳节有赏菊花、簪菊花的习俗。在汉族古俗中，菊花象征着长寿。九月份秋菊盛开，人们徜徉在菊花丛中，心旷神怡，是有益健康长寿的，所以重阳节又称"菊花节"。"待到重阳日，还来就菊花。"自古人们都喜欢在重阳赏菊赋诗。东晋的大诗人陶渊明是爱菊的瘾君子，"采菊东篱下，悠然见南山"。一代才女李清照也有"东篱把酒黄昏后，有暗香盈袖"，可见文人对菊花吟赏的独特偏好。

重阳节还有插茱萸的习俗，所以又叫"茱萸节"。茱萸可入药、制酒养身祛病。茱萸香味浓，有驱虫祛湿、逐风邪的作用，并能消积食，治寒热。人们认

为九月九也是逢凶之日，所以应佩带茱萸以辟邪求吉。茱萸也因此被人们称作“辟邪翁”。

（四）冬

冬季是四季中最后一季，也是最寒冷的季节。在物候上，冬季没有春季的温暖，夏季的繁盛，秋季的宜人。但在岁时文化中，冬季是在丰收之后，有着最隆重的喜悦，最集中的庆典和火一般的热情。

1. 下元，解除灾难之日。

下元节，是农历十月十五。下元节的来历与道教有关。道教有三官：天官、地官、水官；天官赐福，地官赦罪，水官解厄。三官的生日分别为农历的正月十五、七月十五、十月十五，这就是“上元节”“中元节”“下元节”。下元节，就是水官口谷帝君为人解厄的日子。每逢下元节来临，水官下降凡间巡查人间善恶，为人们解除灾难。家家户户张灯三夜，在正厅上挂着一对提灯，并在灯下供奉鱼肉水果等。古代又有朝廷在这一天禁屠及延缓死刑执行日期的规定。宋吴自牧《梦粱录》载：“（十月）十五日，水官解厄之日，宫观士庶，设斋建醮，或解厄，或荐亡。”另外在民间，下元节这一天工匠有祭炉神的习俗，炉神就是太上老君，这也与道教有关。

下元时，人们还要祭祀祖先，并祈求下元水官排忧解难。民间折红绿纸为仙衣，折锡箔为银锭在祭拜时焚化，据说这样可以把这些送给祖先亡灵，让他们在另一个世界宽裕。现在通常用金粉、银粉的锡纸代替，折成“金元宝”“银元宝”，然后在祭拜时焚烧。

古时下元节很热闹，有赛神会，有戏曲表演。清代诗人洪亮吉有《南楼忆旧》诗：“才过中元又下元，赛神萧鼓巷头喧。年来台阁多新鲜，都插宫花粉杏园。”描写的就是清代常州地区下元节的热闹和丰富多彩。

此外，下元节人们还有做糍粑、蒸麻腐包子的食俗。在民间也认为下元节是水官大帝禹的诞辰，因此这一天各地禹庙也会有相关的祭祀活动。

2. 冬至，黑夜最长之日。

冬至是二十四节气之一，在北半球这一日昼最短，夜最长。同时这一天也是寒冷天气的极点。古人认为冬至是：阴极之至，阳气始生，日南至，日短之至，日影长之至，故曰“冬至”。过了冬至，白天就会一天天变长，黑夜则慢慢变短。“热在三伏，冷在三九。”冬至之后气候也进入一个最寒冷的阶段，即人们常说的“数九”，所以冬至又称“冬节”“交冬”。“冬至一阳生”，“冬至阳生春又来”，从冬至开始，阳气又慢慢地回升。

从周代起冬至就有祭祀活动。《周礼·春官》载：“以冬日至，致天神人鬼。”冬至祭祀旨在祈求消除国中的疫疾，减少荒年与人民的饥饿。《易》上说：“先王以至日闭关，商旅不行。”可见冬至节的重要有着古老的传统，《后汉书·礼仪》载：“冬至前后，君子安身静体，百官绝事。”同时，要挑选“能之士”，鼓瑟吹笙，奏“黄钟之律”，以示庆贺。《晋书》记载：“魏晋冬至日受万国及百僚称贺……其仪亚于正旦。”晋代冬至已成为仅次于元旦的重要节日。到了唐宋，冬至与岁首已经并重。南宋孟元老《东京梦华录》载：“十一月冬至。京师最重此节，虽至贫者，一年之间，积累假借，至此日更易新衣，备办饮食，享祀先祖。官放关扑，庆祝往来，一如年节。”冬至几乎成了过年的先声，这一天皇帝要到郊外举行祭天大典，百姓要向父母尊长祭拜，非常隆重，乃至古谚有“冬至大如年”之说，所以冬至又有“亚岁”“如正(新正)”的说法。古时，这一天也是签约和履行各种契约之日。

冬至食俗主要有饺子、馄饨、狗肉等。江浙一带，也会在冬至吃汤圆，取团圆之意。“十月一，冬至到，家家户户吃水饺。”据说这种习俗是因纪念东汉时“医圣”张仲景冬至舍药留下的。张仲景是河南南阳人，著有《伤寒杂病论》，其祛寒娇耳汤被历代医者奉为经典。张仲景曾说：“进则救世，退则救民；不能为良相，亦当为良医。”他曾任长沙太守，后辞官回乡，为乡邻治病。当时他看到白河两岸乡亲面黄肌瘦，饥寒交迫，不少人耳朵都冻烂了。便让弟子在南阳东关搭起医棚，支起大锅，在冬至那天舍“娇耳”医治冻疮。他把羊肉和一些驱寒药材放在锅里熬煮，然后将羊肉、药物捞出来切碎，用面包成耳

朵样的“娇耳”，煮熟后，分给来求药的人每人两只“娇耳”，一大碗肉汤。人们吃了“娇耳”，喝了“祛寒汤”，冻伤的耳朵就治好了。后人学着“娇耳”的样子，就做成了“饺子”或“扁食”。至今北方还有“冬至不端饺子碗，冻掉耳朵没人管”的说法。

馄饨则寓意钱财。过去老北京有“冬至馄饨夏至面”的说法。相传汉朝时，北方匈奴经常骚扰边疆，百姓不得安宁。当时匈奴部落中有浑氏和屯氏两个首领，十分凶残。百姓对其恨之入骨，于是用肉馅包成角儿，取“浑”与“屯”之音，呼作“馄饨”。恨以食之，并求平息战乱，能过上太平日子。因最初制成馄饨是在冬至这一天，在冬至这天家家户户都吃馄饨。

古时还有“有者冬至夜，无者过一夜”的俗语。因为有钱的人都过着富足的冬至，而贫苦大众则只能清贫地过夜，如今人们生活富足，再无“富人吃一夜，穷人冻一夜”的情况发生了。

3. 腊日，五谷丰登之日。

腊八节是由古代腊祭逐步演化而来的。五谷丰登之际，人们便认为这是天地诸神以及祖先佑护的结果，他们拿出农猎收获物来祭祀众神和祖先，以感谢大自然的赐予，并祈求来年的风调雨顺，祭祀结束后，人们还要进行乡宴活动，用刚丰收的五谷杂粮制作成粥（逐渐演变成腊八粥），召集四方亲友一起聚餐，犒劳自己，共享果实，庆贺丰收，欢度佳节。“腊八”的重要还在于它在春节之前。“腊八”是春节的序幕，是人们辞旧迎新的开始。

“腊八”历史悠久，相传起于秦朝，最初没有固定的日期，直至南北朝时才将“腊八”定在每年的农历十二月初八。这一天有很多富有民族特色的风俗，除了熬腊八粥，还有做腊八面、泡腊八蒜等。腊八节的风俗非常丰富，在古代中原地区有用腊八粥喂枣树的风俗。他们用刀、斧砍破枣树皮，将腊八粥糊入斧痕喂枣树。这样等到第二年枣树就可以结丰厚的果实了。民间百姓还自行编了一套谚语：“砍一斧，结石五，砍一刀，结十稍。”足见人们期盼丰收的心愿。

4. 元旦，新年之始之日。

“元”是开始之意，“旦”是天明，元旦，顾名思义就是一年开始的第一天。

古时元旦指的是正月一日，又称“元日”。自从实行了西历，中国节日就有了“元旦”和“春节”之别。现在的元旦指的是公元纪年的一月一日，而春节就是我们这里所要谈的“元旦”。

关于元旦还有个传说。上古时候，尧勤政爱民，深受爱戴，可是他的儿子丹朱无才不太成器，最后尧把天子之位禅让给了德才兼备的舜。后来舜又禅位给治洪水有功的禹。人们把尧死后，舜帝祭祀天地和先帝尧的那一天，当做一年的开始之日，即“元旦”或“元正”。历代皇朝都在元旦举行庆贺典仪祈祀等活动，如祭诸神祭先祖，写门对挂春联，书写福字、舞龙灯，民间也逐渐形成祭神佛、祭祖先、贴春联、放鞭炮、守岁、吃团圆饭等娱乐欢庆活动。王安石的《元日》写道：“爆竹声中一岁除，春风送暖入屠苏。千门万户曈曈日，总把新桃换旧符。”就写出了元旦这天鞭炮齐鸣、欢天喜地的热闹场景。

“元旦”一词，最早见于南朝人萧子云的《介雅》诗：“四气新元旦，万寿初今朝。”唐朝时房玄龄等撰《晋书》记载：“颛帝以孟春正月为元，其时正朔元旦之春。”即称正月为元，初一为旦。宋代吴自牧《梦粱录》记载：“正月朔日，谓之元旦，俗呼为新年。一岁节序，此为之首。”其实在时间上，古代的元旦也经历了一些变化。上古三代的元旦，夏代是正月初一，商代是十二月初一，周代是十一月初一，朝代的更迭就会涉及到改正朔，到了秦始皇统一六国，就定下十月初一为元旦。后来司马迁创立了“太初历”，又以正月初一为元旦，和夏制一样，故又称“夏历”，一直沿用到辛亥革命。

1911 年辛亥革命后，我国开始使用公历，定公历的 1 月 1 日为“元旦”，称“新年”，而把农历的正月初一叫做“春节”。但在老百姓心目中，这个新“元旦”一直无法和春节相提并论，直到今天，人们说到过年指的仍是农历的春节，可见中国传统文化的坚韧性。

5. 除夕，辞旧迎新之时。

除夕，即农历腊月三十日，俗称的“年三十儿”。在现代人们的生活中，除夕是包括在春节过年的长假之中的。从文化心理讲，人们都有怀旧、恋旧的情结，在过年的意识里，除夕承载着辞旧迎新和亲情团聚的双重意味，无疑是过

年中最隆重的时刻，其热闹程度甚至超过正月初一的春节。可以说，除夕是中国人最重要的节日。

在除夕到来之前，人们要为迎接春节做好各种准备。做新衣、备佳肴、扫房舍、贴对联、敬门神、贴年画、剪窗花、挂灯笼等等。各地流传着各种过年的民谚，可以说，一进腊月忙忙活活过年的味道就越来越浓了。豫北一带这样说：“二十三，祭灶官；二十四，扫房子；二十五，磨豆腐；二十六，蒸馒头；二十七，杀只鸡；二十八，贴年画；二十九，去买酒；年三十，吃饺子。”在忙碌的准备中人们享受着年的滋味，那是亲人团聚和家庭生活的幸福和快乐。

除夕之夜，最重要的就是全家人在一起吃“团圆饭”。这顿“团圆饭”对于四处奔忙的现代人尤其珍贵。按照传统，这“团圆饭”也有讲究，桌上必须有鱼，象征着“年年有余”。北方人包饺子，南方人做年糕。水饺形似“元宝”，年糕音似“年高”，都是表达着对来年吉祥如意的期盼。

除夕的灯火通宵不息，鞭炮此起彼伏。苏轼《守岁》说：“儿童强不睡，相守夜欢哗。”这除夕守岁的习俗绵延至今。和古时相比，现代人的生活更为丰富，人们会看春晚。当电视上钟声敲响的时候，忙碌、充实、快活的一年就这样被送走了，一元复始，人们的生活在浓浓的节日氛围中，揭开了新的一页。

三、丰富多彩的岁时文化

（一）岁时文化中的酒

中国有着源远流长的酒文化，这种酒文化尤其体现在各种节日当中。酒的发明最初是为了祭祀用，后来成为人们生活中不可或缺的饮品。中国人相聚，必要饮酒一杯。有些节日中所饮的酒还有特别的讲究。

端午节要饮雄黄酒。传说白娘子就是在饮了雄黄酒之后变成蛇形的，所以端午饮雄黄酒可以辟邪祛秽，让鬼怪妖魔现出原形。有的人家还将雄黄酒撒于屋角，用以驱虫。有的地区还会饮用“菖蒲酒”，唐代殷尧在诗中写道：“少年佳节倍多情，老去谁知感慨生。不效艾符趋习俗，但祈蒲酒话升平。”菖蒲酒逐渐在民间流传开来，成为传统的时令饮料，历代帝王也将它列为时令御膳的必需品。

中秋节要饮桂花酒。据清代潘荣陛注的《帝京岁时纪胜》记载，“八月中秋，时品桂花东酒”。我国用桂花酿酒有着悠久的历史，二千三百年前的战国时期，即有“桂酒”，《九歌·东皇太一》中有“奠桂酒兮椒浆”的记载。唐代酿桂酒较为流行。桂酒有开胃、怡神的功效，至今人们还有中秋节饮桂酒的习俗。

重阳节登高、赏菊、饮酒，这酒便是菊花酒。《续齐谐记》说：“汉桓帝随费长房游学。谓曰：‘九月九日，汝家当有灾危，急令家人做绢囊，盛茱萸，悬臂登高山，饮菊花酒，或可乃消。’景率家人登，夕还，鸡犬皆死。房曰：‘此可以代人。’”在这个故事里，菊花酒有保命的神奇功效。《本草纲目》说常饮菊花酒可“治头风、明身目、去萎、消白病”等。因而古人有食菊花的根、茎、叶、花的习俗，还酿制饮用菊花酒。历史上酿制菊花酒的方法不尽相同。晋代是“采菊花茎叶，杂秫米酿酒，至次年九月始熟，用之”，明代是用“甘菊花煎汁，用曲、米酿酒”，有的还加地黄、当归、枸杞等。清代则是用白酒浸渍

药材，而后采用蒸馏提取的方法酿制，因此称为“菊花白酒”。重阳节人们还饮茱萸酒、黄花酒、薏苡酒、桑落酒等。

酒是中国人餐桌上的必备之物，节日更不可或缺。梁代徐君倩有《共内人夜坐守岁》诗写道：“欢多情未及，赏至莫停杯。酒中喜桃子，粽里觅杨梅。”唐代诗人白居易在《客中守岁》一诗中写道：“守岁樽无酒，思乡泪满襟。”除夕夜饮用的有“屠苏酒”“椒柏酒”等。古时还有“春节饮春酒”的说法，唐人呼酒为春，“春”即是酒。

可见，中国人饮酒是最讲时令、节日和健康养生的。中国人爱酒好酒但不酗酒，其精髓在于饮酒以求健康，这与传统医学及文化的发展有着密切的关系。

（二）地域特色的岁时文化

中国地大物博，幅员辽阔，不同的地域有不同的文化特色，仅以端午和中秋为例，就能看出岁时文化丰富多彩的地域特色。

首先说中秋。北京的中秋正逢各类果品成熟上市，老北京习惯称中秋为“果子节”。《京都风俗志》记载：“中秋节前三五日，通畅大街，搭盖芦棚，内设高案盒筐，满置鲜品、瓜蔬。”尤其是前门外和德胜门内的果子市，节前夜市通宵达旦，果商小贩的吆喝此起彼伏。而最有意义的中秋节活动便是家人齐聚在庭院内望空设祭，香烛、钱粮具备，叩拜圣神。撤供后再盛设瓜果酒肴，全家人在院中聚饮，称为“团圆酒”，同享天伦之乐。

东南沿海一带的中秋有种特殊的习俗叫做“小摆设”。中秋前后，在一些商店、人家中堂上放几张桌子，桌上摆上各种模型，有的人家是文昌神庙，有的是王侯将相的宅邸，有的是封疆大吏的衙门，等等，这些模型多用金、银、铜、锡、木、石等材料做成，精细逼真，很有特色。

再说端午。贵州平坝的端午习俗与中原文化就有所不同。那里的人们晨起后要将菖蒲挂在门首，以驱除邪秽。然后要燃香烛、化帛，拜天地、祭祖先，吃粽子。到了中午，宰鸡一只供上神龛并燃香烛。

到了晚上，各家都置办酒肴供天地、祖先，共饮雄黄酒，吃用雄黄酒涂抹过的雄黄肉。此外，还用雄黄酒擦拭儿童的面部及手足心，以防疮毒。另外还把五彩线系在小孩儿的四肢，称为“百岁索”。用芸香屑等做成香包挂在小孩儿的胸前。晚饭后家人给孩子穿上新衣，遍游田野，称为“游百病”。

我国岁时文化的地域差异，是各地自然环境、生产方式、生活习惯、意识形态、宗教信仰存在差异的缘故，而这也构成了我国文化的多样性和丰富性。

（三）少数民族的岁时文化

中国是个多民族统一的国家，每个民族都有自己的历史和演变进程，在文化发展中各民族相互影响，彼此渗透，既存在共性，又有着自成系统的个性。少数民族的岁时文化作为一种物质文化和精神文化的载体，反映着各民族不同的地理、历史和社会环境以及不同的生活观念。

少数民族的传统节日丰富多样。以贵州为例，由于是多民族聚居，当地的民族节日一年内多达千次。各地少数民族的节日内容，从春天踏青插禾，夏天歌舞游艺，到秋天丰收庆典，冬天祈祥祭祀，千姿百态，丰富多样。如藏族的雪顿节、望果节；阿昌族的火把节；保安族的开斋节、古尔邦节；布朗族的开门节、后南节；布依族的查白歌节；德昂族的会街节；东乡族的圣纪节；独龙族的卡雀哇年节；高山族的泼水节；景颇族的目脑节；基诺族的打铁节；蒙古族的那达慕、马奶节等，真是数不胜数。同时，少数民族的节日还有以下几个特点：

首先是具有原始宗教信仰的特色。西藏南本林县的农村，在庆祝农历新年时，还要祭拜天神、地神、山神、丰收之神、战神等。另外其农业生产性的节日也带有强烈的宗教色彩。少数民族的祭祀节日还很多，如康定地区藏族的四月八转山会，大理白族的绕三灵，纳西族的三朵节，佤族的拉木鼓日，布朗族的祭童、堆沙节，毛南族的分龙节，布依族的六月六祭田公田母等。这些节日多是出于信仰和崇拜的需要，并未有自觉的审美意识，直到后来这种“神性”

的宗教活动才带有了世俗的娱乐色彩，于是就有了宗教需要和审美要求的统一。多元化的宗教信仰，决定了宗教祭祀性节日的多元化审美要求，或肃穆或凝重，或超然或玄妙，体现着不同民族岁时文化的独特韵味。

其次是带有祈祷丰收的色彩。中国是个农业国家，土地是人们赖以生存的基础，少数民族大多从事农、牧、渔的生产。丰收是人们梦寐以求的希望，于是就有了祈祷丰收的节日。早在周代一年之始要祭祀田地，歌舞娱神，祈求当年的丰收。人们击鼓奏乐，歌舞祈年，主旨是祈求先祖农官保佑农业丰收，人畜兴旺。阿昌族、基诺族的常新节，高山族的丰年祭，拉祜族的新米节，瑶族的鱼花节等，都属于这类节日。这些节日寄托着人们对丰年的期盼，对美好生活的追求，它带给人的是无限的想象和愉悦，同时使人们得到心理的满足与安宁。

还有就是少数民族节日中的娱乐性节目逐渐成为人们生活中重要的组成部分，很多少数民族也养成了能歌善舞的习惯。马尔康的赏花节正值农历六月，雪山草地百花盛开，牧草如茵，自然迷人。藏族人民带着食品、帐篷、骏马，成群结队地到村外对歌，赏花饮酒。还有回族、东乡族、保安族、撒拉族的六月六莲花山花儿会，维吾尔族的麦西来甫，藏族的林卡节、曼拉节、赏花节，彝族的杨梅街跳歌节等，节日中人们唱歌跳舞，开展各项体育娱乐活动，展现出少数民族浪漫热烈欢快的生活景象和优美多姿的民俗风情，体现了少数民族勇敢强悍和乐观积极的精神。

少数民族的岁时文化融合在中国的岁时文化中，使得中华文化凝聚了各民族在长期的生活和劳动实践中对美的寻求，也形成了中华民族文化的包容性和丰富性。

（四）不同历史时期的岁时文化

中国的岁时文化经历了不同的历史时期，受不同社会状况和背景的影响，其风俗和特点又有演变和发展。以下以唐宋和民国为例来比较说明。

元宵节，农历正月十五。唐宋时称“上元节”，当夜称“元宵”“元夜”。唐

代开始张灯庆祝，玄宗时连续三夜，蔚然成风，元宵也被称为“灯节”。其重要、热闹、喜庆的气氛要超过元日(年初一)。唐代，长安平时晚上实行“宵禁”，城门紧锁，不准夜行。但元宵期间却开禁，让人自由游赏。这种珍贵的放松的户外夜生活，很有解放性。唐初著名诗人苏味道写《正月十五夜》：“火树银花合，星桥铁锁开。暗尘随马去，明月逐人来。游伎皆秾李，行歌尽落梅。金吾不禁夜，玉漏莫相催。”

灿烂多彩的灯火，明亮的月光，来来往往的车马，花枝招展的歌伎唱着流行歌曲《梅花落》招摇过市，这样的夜晚怎能不令人陶醉？因而诗人祈求“玉漏莫相催”，祈求这个自由、美好的夜晚不要匆匆逝去。

比苏味道晚约半个世纪的崔液，在《上元夜》中描写出了人们外出赏灯的盛况：

玉漏铜壶莫相催，铁关金锁彻夜开。谁家见月能闲坐，何处闻灯不看来？

还有比崔液晚约半个世纪的张祜，也有令人过目难忘的《正月十五夜灯》：

千门开锁万灯明，正月中旬动帝京。三百内人连袖舞，一时天上著词声。

千门大开，万灯明亮，宫女们翩翩起舞，欢快的歌声响彻云霄，京城的元夜实在令人神往。其实唐朝当时已走向衰落，但灯节依然热闹，可见唐代元宵节的隆重。

到了宋代，元宵更加热闹、绚烂。宋太祖乾德五年(967 年)曾下令将灯节延长为五天。元宵期间，汴京(今河南开封市)“灯山上彩，金碧相射，锦绣交辉”(孟元老《东京梦华录》)。

元宵之夜男男女女都外出游赏，也萌生了很多情意绵绵的爱情故事，欧阳修有《生查子》：“去年元夜时，花市灯如昼。月上柳梢头，人约黄昏后。”可见元宵在古代有让人想象和神往的风情。

再说民国。随着时代的发展，不再有戒备森严的宵禁，“春节”的重要性开始凸现出来。辛亥革命后，中国结束了清王朝的统治，同时也宣告数千年的封建帝制消失了。在政治、经济、社会、文化的变化中，岁时文化也悄然发生了变化。尤其五四运动后，西方物质文明与精神文明的东渐，先进知识分子对

民主科学的提倡，岁时文化呈现出民族化与政治化的倾向，移风易俗大昌。

就说我们前面提到的“春节”。当时采用了公历纪年，以公历一月一日为“新年”，原来农历的正月初一称“春季”。民国的春节从腊月二十三日至正月十五日，很隆重但却简化了不少。拜年时，不需要像封建社会那样“稽首”磕上三个大头，只要“顿首”“揖礼”即可。或者在门缝里塞张贺卡也行。当然到了现在，这些传统礼节更加简单，一句“新年好”“给您拜年了”就算拜年的礼仪了。或者打个电话，发个祝福短信拜年，更是简便。

随着中国与世界的融合，很多洋节日也逐渐中国化，形成了一种富有现代气息的特色风景。当然传统岁时文化中的很多风俗因为长期积淀、传袭，依然鲜活地留在人们的生活中，成为体验中华文化的活化石。

（五）岁时文化的中华民族性格

作为我国独具特色的岁时文化，节日中的仪式、习俗与活动正是其精髓所在。像我们上面提到的春节拜年、磕头、吃饺子、穿新衣、贴春联等活动，都富有浓郁的节日风情。而除夕夜对于极重岁时观念的中国人，尤其具有辞旧迎新的意味。

其实，各种节日习俗和活动都蕴涵着人们对顺利、幸福、平安的祈盼。过年贴的春联，作为中国文化和中国文学一种独特的形式，承载着人们对美好生活的愿望。“新年纳余庆，嘉节号长春”，“天增岁月人增寿，春满乾坤福满门”，“生意兴隆通四海，财源茂盛达三江”，无不透露着人们对幸福生活的期待。

中国人重视团圆。除夕夜也就是俗称的大年三十，晚上的年夜饭格外庄重、温馨。有钱没钱，回家过年，前两年那首《常回家看看》唱出了中国人的心声，不管离家多远，除夕夜都一定要赶回家团聚，一锅饺子、一碗汤圆、一桌酒菜、一桌欢声笑语，都是中国传统文化重亲情、守乡土的体现。年夜饭主食即饺子，阖家欢聚一堂，围坐桌前共享团聚的快乐。饺子里会包上铜钱或硬币，食到者会一年交好运。这是流传至今也未曾改变的古老习俗。

中国人喜欢图吉利，春节穿新衣、戴新帽，就是为了“辞旧迎新”，图个吉利。而正月初一起来，要放“开门炮”。头炮必须放响，而且越响越高越好，这样就象征在新的一年里可以大吉大利，若放哑炮，则被认为不祥。家家户户摆香炉，供果饵，还要拜神像，要参拜宗祠，要上祖坟拜祭，家中幼者依次拜尊长，称为“拜岁”。与人相见时要拱手说“恭喜、拜岁、发财、托福”等吉祥话。

中国人喜欢热闹。和春节、端午、中秋这些家庭团聚的热闹相比，元宵是最公众化的节日，所以人们很喜欢元宵。赏灯、猜灯谜、逛庙会，人们也把这个节日打扮得花枝招展，丰富多彩。尤其是从唐朝延续至今的灯会。元宵之夜，各种灯火姿态各具，异彩纷呈，与明月交辉，人间天上，一片明亮。庙会还有舞龙、舞狮、花鼓等活动，人们欢歌笑语，热闹非凡。再说人们也喜欢端午节的赛龙舟，很热闹，很有精气神。古时旧俗，这一天所有龙船都集中在龙王庙，焚香燃烛，祭祷龙王后，在龙王头上披上红巾，然后将龙头龙尾迎大舟，龙头置于船末，龙尾置于船末。水手数十人，拨桨前进，此时锣鼓大作，船首执旗者，大喊助威。等到胜负即将分晓，两岸观者大声呼叫。取胜者上岸饮酒，然后再进行第二次比赛，直至太阳落山，人们才尽欢而散。

四、岁时文化与中华文化

（一）从岁时文化到岁时文学

作为有着悠久历史的文明古国，丰富的民族岁时文化是中国文化不可缺少的重要组成部分。中国传统节日形式多样、内容丰富，涉及生产活动、衣食住行、生活礼仪、天文气象、宗教信仰、文化娱乐等方面，凝结着丰富的民族精神和民族情感，承载着中华民族的文化血脉与思想精华，是维系国家统一、民族团结、社会和谐的精神纽带，是宝贵的传统文化遗产。

岁时文化的重要载体是节日。节日按照历法、节候顺序，在较为固定的时间举行相关的仪式，这便形成了约定俗成的岁时文化。节日文化最能集中体现民族文化的风采和底蕴，像语言一样，它是族群传承文化、交流感情、彰显精神、凝聚人心的重要方式。节日是人类日常生活的精华。它把生活周期区分出各个阶段，集中体现了各阶段的含义，并在节日活动中保留着民族文化最精致、最具代表性的一面。作为非物质文化遗产，节日的文化风俗和传统具有族群认同、社会交际、文化教育、道德教化、文体娱乐、经济贸易以及文化传承的社会功能。

下面我们谈岁时文学。不难理解，岁时文学是岁时文化最重要的存储硬盘，他甚至不惧怕任何民族记忆的格式化，我们在上文的讲述中也可以体会到文学记录岁时的重要性。

首先说节日仪式。唐代宫廷开始，每逢重要节日，皇帝都会宴饮、赋诗以示庆祝和纪念。这种风习也沿袭至清。比如，清代宫廷在元旦之时，会举办重华宫茶宴联句。“联句”是集体创作诗歌的一种方法。相传汉武帝在柏梁台与群臣联句，每人一句，每句同韵，一句一意，是群臣联句作诗的始作俑者，世称“柏梁体”。据载，康熙二十一年（1682 年）正月，康熙大

宴百客于乾清宫，93 人仿柏梁体联句。雍正四年（1726 年）正月初二，99 人于乾清宫联句。这种通过联句来庆祝春节的仪式流传很久，雅致趣味，也形成了我国古代文化的特色。

其次，还有专门记载岁时风俗、故事的文字作品，这是我国岁时文化的宝贵字典。早在东汉，应邵在《风俗通》中就有对端午五色彩绳的描写：“午日，以五彩丝系臂，避鬼及兵，令人不病瘟，一名长命缕，一名辟兵绍。”我国最早的一部以记录古代楚地(以江汉为中心的地区)岁时节令风物故事的笔记—南朝宗懔的《荆楚岁时记》，详细记载了自元旦至除夕的二十四节令和时俗。涉及民俗和门神、木版年画、木雕、绘画、土牛、彩塑、剪纸、镂金箔、首饰、彩蛋画、印染、刺绣等民间工艺美术以及乐舞等，这些民俗、民间工艺美术传自远古，延续后世。这部书也开了我国岁时文学的先河。

再有宋代孟元老的《东京梦华录》、周密《武林旧事》，也多提及风俗、风物。到了明清，岁时文学更是蔚然大观。如《江乡节物词》《清嘉录》《唐宋遗纪》《岁时广记》《岁时杂记》《燕京岁时记》等，都各有特色。

这里，我们还是要强调一下岁时文学中的诗词。中国是个诗歌的国度，唐宋诗词中有大量作品描写到岁时文化。李白、杜甫、高适、韩愈、欧阳修、苏轼等文学大家都有诗、词、文写到岁时的风俗和情感。张若虚的《春江花月夜》被称为“孤篇横绝”，据说“春江潮水连海平，海上明月共潮生。滟滟随波千万里，何处春江无月明”就是描写的中秋之月，诗中着力描绘了一幅春江潮涨、江海相连、月潮共生、江天一色、波澜壮阔的画卷。一个“生”字，赋予了明月与海潮鲜活的生命，成为流传千古的佳作。白居易《邯郸冬至夜思家》写道：“邯郸驿里逢冬至，抱膝灯前影伴身。想得家中夜深坐，还应说着远行人。”抱膝枯坐与影为伴的描写，孤寂之感、思家之情溢于言表，这便是中国人最普遍的乡愁。元代盍西村《小桃红·江岸水灯》是描写元宵的名作：“万家灯火闹春桥，十里光相照。舞凤翔鸾势绝妙，可怜宵，波间涌出蓬莱岛。香烟乱飘，笙歌喧闹，飞上玉楼腰。”这支小令以点面结合的方法，用“闹”“照”“翔”“飘”等一系列跃动感强烈的词语，描写出元代临川地区元宵水上灯船的奇幻妙

境，成为我们追慕文化遗产的一个参照。

（二）岁时文化的精神内涵

中华民族历史悠久，源远流长。中国传统节日，凝结着中华民族的民族精神和民族情感，承载着中华民族的文化血脉和思想精华，是维系国家统一、民族团结和社会和谐的重要精神纽带，是建设社会主义先进文化的宝贵资源。在中华民族的历史发展进程中，传统节日以其丰富的文化内涵滋养着民族的生命力、创造力和凝聚力，推动着中华文化历久弥新，不断发展壮大。在岁时文化中所蕴涵的民族精神，更彰显了一个民族的文化精髓。

岁时文化体现了中国人重礼仪的精神内涵。这是人与人之间、民族与民族之间和谐美满的重要纽带。中国的传统节日，以一种潜移默化、寓教于乐的形式，展示了中国人的精神世界，表达着对美好的理想、智慧与伦理道德的追求和向往，是弘扬中华民族优秀传统文化和传承传统美德的重要载体。中华民族优秀传统文化的"忠、孝、诚、信、礼、义、廉、耻"等价值观念充分体现在传统节日的诸种仪式、活动和风俗之中。

岁时文化体现了中国人崇尚自然的精神内涵。中国的传统节日根植于中国古代农业的社会文明。几乎每个节日都是一个节气，这是古代劳动人民在长期的农业生产实践中对大自然的运行规律的总结。在节日的选择上体现了顺应自然、崇尚自然的理念，人们按照气候的周期规律进行农业生产，在节日中祈盼农业生产的风调雨顺、富裕安康，体现了农耕文明的精神实质。同时，也阐释了中国传统文化天人合一的思想。清明节踏青娱乐，端午节划船竞赛，中秋节仰望明月等，这些活动都可以让人们亲近自然，感觉到岁时、物候、天人的变化。农业文明的春种、夏锄、秋收、冬藏的生产规律与岁时相适应，循环往复，不仅形成了科学的历法，也丰富了古代的岁时文化。

岁时文化还体现了中国贵人伦的精神内涵。"伦理本位"是中国文化的基本特征。中国的传统节日都有贵人伦、重亲情的特

点，这是维系中国社会人际关系的情感纽带。如合家团聚，是现代人春节和中秋两个节日的重要内涵。贵人伦还体现在对孝道的重视。每个节日几乎都有对祖先的祭祀仪式，表达对先人的怀念和追思。重阳节叫做“老人节”；端午节又称“女儿节”，妇女回娘家，女婿看望岳父岳母等，都体现了我们传统文化中的孝道。甚至广义地说，中国传统节日都有加强血缘亲族关系、巩固家庭成员亲属观念的作用。清明节时，人们用扫墓祭祀来寄托对逝者的哀悼及怀念。

因此，我们研究传统节日，是对民族精神的追求，是对人生态度的探索，是为了更好地传承民族文化。传统节日的价值就在于它彰显民族情感，昭示人生意义，滋养民族精神，它是中华优秀传统道德教育的有效载体。

（三）岁时文化的文化价值

我国岁时文化的形成既有相对稳定的节气、节日，又有特定的风俗礼仪和民间活动，具有民族性、群体性、社会性、本土性的文化特征。传统节日蕴涵着工业文明以前的原始文化与农业文明的文化信息。世代相传的节日习俗、节庆礼仪，共同构成了我们民族生活的方式，传递着祖先留下的精神文明财富。

首先，发扬岁时文化是传承民族传统的重要途径。传统节日是民族实践认知的重要标志，节日起源于先民对时间的感受和经验，不同地域、民族的人对时间的认知方式存在差异。雷夫金说：“时间带着口音发言，每个文化都有一套独特的时间纹路。了解一个民族，就是在了解居民看待时间的价值。”中国传统节日是民族文化的集中体现，是民众内在的时间意识和文化观念，同时也是民族文化传统周期性复现的重要标志。

民族文化在当代社会更多的是隐藏在后台，或者说作为一种文化底色而存在。在经济全球化的今天，由于对各种文化的更广泛的包容，人们的生活和思想日益趋同。而通过各种节俗活动，在耳濡目染中让人们自觉理解接受，作为一种定期进行传统教育的方式，自然使得传统文化在人们的意识中得到延续和

加强。

其次，传承岁时文化可以提高民族自信心。民族自信心是维护民族尊严与文化本位的精神基础，一个民族如果缺乏自信，就在精神迷茫中失去了自己的民族位置。在当今全球化的浪潮中，在经济一体化的挤压下，面对强势文化的巨大压力，民族自信心显得更为重要，保持高度的民族自信是自立于世界民族之林的重要保证。民族自信并不是空洞的浮夸与盲目的自大，民族自信需要强大的实力作为支撑，最根本的就是需要深厚的文化基础。岁时文化就是这样一种重要的载体。

岁时文化蕴涵了传统文化的魅力。人们通过节日饮食、节日仪式、节日信仰与传统等集中展示了民族文化的精华。在节日活动中，纪念先人，触摸民族的灵魂，回归文化根本。这种回归传统的复现和重复，自然会使民族自信心大大增强。

第三，传承岁时文化是发展民族新文化的基础与凭借。传统节日在当代社会不仅是传统文化的载体，同时也为民族文化传统的创新与发展提供了基础。随着节日习俗的演进，我们常常看到民众依托节日而进行的文化创造。人们在节日活动中不断将天神俗化成人格神，继而创造出人们与具有高尚情操的历史人物的情感联系。如端午节本来是驱邪避疫，祈求平安的节日，但在六朝时期，由于历史趋势，人们将它与爱国诗人屈原联系起来，将龙舟竞渡与节日食粽的习俗都解释为追悼屈原。从而将一个普通的民俗节日上升为具有重大伦理意义的节日。